MON CAHIER SUPER ORGANISÉE

ANNE-SOPHIE LEVESQUE-BRIANCEAU

ILLUSTRATIONS
MADEMOISELLE ÈVE (INTÉRIEUR)
ISABELLE MAROGER (COUVERTURE)

SOLAR EDITIONS

SOMMAIRE

Introduction

Hyper sollicitée, hyper curieuse ou hyper occupée… vous avez mille choses à faire ou à penser. Résultat, les journées filent à toute allure, sans que vous ayez l'impression d'avoir accompli le quart de vos rêves (ou de vos obligations) ?

Vous jonglez entre agendas, Post-it, to-do lists et rappels smartphone non sans vous demander parfois si votre système d'organisation n'est pas au final… une perte de temps ? Vous avez bien fait d'ouvrir ce cahier ! Vous connaissez au moins une fille dans votre entourage (oubliez les stars, elles ont des assistants !) qui accomplit plus d'activités en une semaine que vous en un an… c'est rageant ! Pourtant vous avez le même nombre d'heures qu'elle dans la journée. Le secret de sa productivité ? Organisation, concentration, motivation et no-procrastination. Argh ! Là, vous êtes à deux doigts de refermer ce cahier et de vous dire que c'est foutu, que c'est une question de personnalité et que la vôtre, c'est d'être désorganisée, point. Vous pourriez même penser que c'est ce qui fait tout votre charme ! Mais non, c'est surtout une excuse qui vous empêche de réaliser votre plein potentiel.

Le défi d'une bonne organisation vous semble titanesque et le chemin pavé de contraintes de tout poil ? *Breaking news* : des corvées, des contraintes, des deadlines, des obligations, vous en avez déjà et vous en aurez toujours : le but ici n'est pas de vous en rajouter une couche mais bien de découvrir les clés et les astuces pour qu'elles se fondent le plus facilement possible dans votre quotidien. Vous laissant du temps, au final, pour le plus important : vous ! (Et vos objectifs de vie.)

Grâce à ce cahier, vous allez pouvoir vous entraîner à débusquer et combattre ces boulets qui vous empêchent d'être la fille super organisée que vous rêvez (et que vous méritez) d'être. Comment ? En apprenant à tirer le meilleur de vos to-do lists, à caler des rituels efficaces mais agréables, à vous réconcilier avec le rangement (si, si c'est possible !) et à gérer votre vie numérique telle une jongleuse aguerrie du Cirque du soleil. Ça y est, vous visualisez les bénéfices à venir ? Votre motivation est gonflée à bloc ? Parfait ! Allez, hop !, on commence maintenant (et pas demain, hein ! Oui, on vous a vu jeter un coup d'œil distrait à votre smartphone !)…

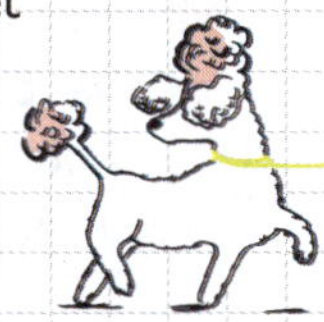

Test : Quelle super (dés)organisée êtes-vous ?

1 Vos to-do lists sont…

▲ Super bien peaufinées : vous adorez les écrire et les regarder, ça vous rassure mais, au final, vous ne cochez même pas la moitié de la liste.

★ Éparpillées un peu partout : Post-it en vrac, feuilles volantes, carnets divers…

■ Enregistrées dans votre agenda électronique avec rappel smartphone 10 minutes avant échéance. Il faut bien ça pour gérer votre agenda de ministre.

● To do quoi ? C'est une perte de temps, ça, non ? Ça vous fatigue d'avance de devoir noter tout ce que vous DEVEZ faire.

2 Une virée au supermarché pour faire les courses de la semaine…

▲ Vous passez d'abord une heure à flâner dans les rayons beauté, mode, déco avant de vous décider à finalement aller acheter votre pitance en traînant la patte.

■ Liste en main, vous arpentez les rayons au pas de course selon un itinéraire stratégique. Vous n'avez pas que ça à faire !

★ Vous achetez vos courgettes, puis vous allez au rayon liquide vaisselle, faites demi-tour pour aller chercher du fromage avant de vous rendre compte qu'il vous faut retourner vers le rayon légumes pour aller choper un oignon : c'est sans fin et, au final, vous oubliez toujours un truc.

● Quel supermarché ? On est au XXIe siècle : vous commandez en ligne et vous vous faites livrer sur le pas de la porte.

3 Un dîner entre copines se profile chez vous à la dernière minute…

■ Vous décongelez un des petits plats que vous avez préparés le week-end dernier. Elles apporteront le vin et le dessert.

▲ Avant de faire les courses, vous vous êtes dit que c'était une bonne idée de récurer à fond la salle de bains et de regarder le dernier épisode de *Sherlock* (vous avez le temps !). Du coup, quand vos copines sonnent à la porte, vous n'avez qu'un paquet de Curly et des tomates cerise mollassonnes à proposer. « Euh, on commande ? »

★ Cool ! Vous demandez à chacune d'apporter sa spécialité : vous vous occuperez de l'ambiance.

● Ce n'est pas le repas qui vous inquiète, mais la montagne de fringues qui traîne dans votre chambre et la couche de poussière qui a envahi vos plantes et vos bougies hygge. « Ça vous dit un resto plutôt ? »

4 Si vous aviez un superpouvoir, ce serait…

● Pouvoir tout ranger d'un coup en claquant des doigts comme Mary Poppins.

■ Vous dédoubler, voire vous « déquintupler » pour pouvoir concilier en une journée tout ce que vous rêvez d'accomplir et tout ce que vous devez faire.

★ Parler 20 langues couramment… non, voler ! Non, être invisible ! Non… Faut vraiment en choisir un seul ?

▲ Devenir enfin la femme forte que rêvez d'être : une warrior de l'efficacité à laquelle aucune deadline ne résiste : la force de travail de Beyoncé et le mental d'acier de Michelle Obama !

5 Votre journée type, c'est plutôt…

■ Métro, boulot, asso, vélo, resto (et éventuellement dodo).

● Grasse mat', boulot, série TV, copains et mojitos.

★ Vidéos tutos, boulot, tricot, Internet, cuisine, Internet, copines, Internet.

▲ Instagram, Facebook, boulot, Snapchat, Boulot, Instagram, séries, boulot, textos, dodo.

6 Retour de vacances, votre boîte mail pro déborde…

■ Impossible, vous avez fait le tri en cachette au fur et à mesure au bord de la piscine !

● Pffiou, ça vous fatigue d'avance ! Vous les cochez sans les ouvrir tous et les triez juste en regardant le titre.

★ Vous triez les e-mails dans le désordre et répondez au hasard. Résultat, vous finissez par lire en diagonale et répondre un peu à côté de la plaque.

▲ Vous allez d'abord faire un petit tour sur Instagram. Puis vous filez à la machine à café : les collègues auront sûrement des potins croustillants. Tiens, c'est déjà l'heure d'aller à la cantine ?

7 Vos papiers, s'il vous plaît ! La CAF, le boulot, les impôts ou votre mutuelle vous réclament un papier important…

▲ Vous le retrouvez à la dernière minute et le postez juste à temps pour ne pas avoir de pénalité.

■ Ça tombe bien, vous l'aviez scanné !

★ Vous passez l'après-midi à chercher pour finir par trouver votre carte de mutuelle dans la panière à pain : il est vraiment temps que vous ayez un endroit dédié à votre paperasse !

● Tant pis, vous ne vous ferez pas rembourser : c'est au-dessus de vos forces de plonger dans cette montagne de paperasse, d'autant que vous êtes à peu près sûre de ne pas retrouver le papier en question de toute façon.

Faites vos comptes !

▲	■	★	●
3	4		

Vous avez une majorité de ▲ :

Vous êtes bloquée (adepte du « je le ferai demain »).

Pourquoi faire aujourd'hui ce qu'on peut remettre au lendemain ? C'est bien ça, le proverbe ? Ah non ? Bizarrement, quand une deadline vraiment importante approche, vous êtes soudainement mue par une envie irrépressible de regarder un nouvel épisode de *Stranger Things* ou de vider un paquet de Granola pour faire diversion. Bref, dans ces moments-là, tout vaut mieux que de se mettre à cette tâche redoutée… Vous l'aurez compris, vous êtes une adepte du « je le ferai demain », ce qui est une façon détournée et sympa de vous traiter de… procrastinatrice, ce petit mot ~~doux~~ dur, tellement barbare que même le correcteur automatique de Word le souligne en rouge et refuse de le reconnaître. La reine du rendu à la dernière minute ? C'est vous ! Que ce soit dans la douleur ou dans une vraie transe(gression), vous êtes persuadée que c'est votre seule façon de fonctionner. La bonne nouvelle, c'est que vous n'êtes pas la seule (si vous croyez que je n'ai pas un peu procrastiné moi-même pour l'écriture de ce livre, vous vous trompez !), mais la mauvaise, c'est que si ça devient une habitude, vous pourriez bien vous retrouver bloquée, incapable de vous organiser, avec une estime de vous au plus bas et une culpabilité au plus haut. Heureusement, on vous dévoile dans ce cahier toutes les astuces pour décrypter, analyser, et surtout combattre ce démon coriace de la procrastination.

Vous avez une majorité de ■ :

Vous êtes débordée (working girl multitâche et overbookée).

À première vue, on pourrait vous cataloguer de « super organisée » : la preuve, vous faites un MAX de trucs ! Mais « overbookée » ne veut pas dire « organisée ». Vous aimez bien avoir cette image de fille multitâche et super busy : mais quelle galère au quotidien, non ? Passer un master tout en gérant votre boulot actuel et votre permis moto : pas de problème… ou presque ! Parce qu'à force de tirer sur la corde, vous vous retrouvez épuisée, débordée, et c'est souvent votre hygiène de vie qui trinque. Sursollicitée, vous avez aussi du mal à dire non à votre entourage, qui en profite pour vous déléguer toutes sortes de

tâches ingrates (« Je sais que tu n'es pas témouine, mais tu voudrais pas nous aider à organiser l'EVJF de Laure à Londres ? T'as toujours des super plans ! »).

Parce que vous êtes toujours partante pour de nouvelles expériences et de nouveaux défis, on vous invite aussi à moult soirées/conférences/happening, que vous ne pouvez pas décemment décliner, si ? Stop ! Il est temps de dire non et de revoir votre gestion du temps pour vous aménager aussi quelques plages pour vous occuper de vous ! Ça tombe bien, on vous dit comment faire tout au long de ce cahier.

Vous avez une majorité de ★ : *Vous êtes éparpillée (créative et rêveuse qui s'éparpille).*

Vous avez coché une majorité d'étoiles ? C'est que vous êtes un peu dans la lune ! Créative, rêveuse, et surtout hyper curieuse, vous avez 1 000 idées qui bouillonnent dans votre tête que vous avez souvent en l'air, mais bien faite. Vous avez envie de faire 3 000 choses à la minute mais vous vous éparpillez, et quand vous faites le bilan de la semaine, du mois, de l'année en cours… vous vous rendez compte que vous n'avez pas accompli le quart de ce que vous souhaitiez entreprendre et ça vous désespère parfois. Et pour cause, vous êtes la spécialiste du « je commence mais je ne finis pas » : apprendre le japonais, vous mettre au tricot, écrire un roman… vous entamez un milliard d'activités palpitantes mais vous allez rarement au bout. Votre souci ? Vous avez du mal à vous concentrer et à prioriser vos envies : vous voyez toujours très loin sans avoir forcément conscience de la somme de petites étapes très pragmatiques qu'il vous faudra mettre en œuvre pour arriver au but. Vous voyez le petit lapin d'Alice au Pays des merveilles avec sa bonne bouille, son élégance créative et sa vilaine manie d'arriver en retard et de courir partout sans savoir vraiment où il va ? C'est un peu vous, en fait ! Allez, il est temps de vous poser, de déterminer vos priorités, de vous recentrer, et surtout de vous rebooster pour enclencher les changements du quotidien qui vous permettront d'accomplir vos objectifs de vie. Vous ne voyez pas filer le temps ? Pas de souci, on va justement vous donner dans ce cahier plein d'idées pour mieux le structurer.

Vous avez une majorité de ● : *Vous êtes désordonnée (phobique des contraintes).*

Vous vous retrouvez à vivre votre vie dans un joyeux (ou pas) désordre permanent. Vous êtes assez proche de votre copine procrastinatrice (allez lui faire coucou de notre part, plus haut, dans la partie ▲ !), sauf qu'elle, elle serait capable de trier tous ses papiers par ordre alphabétique dans de jolies pochettes colorées à intercalaires si ça pouvait l'empêcher de mener à bien la tâche importante qu'elle doit absolument accomplir.
Vous, en revanche, rien que l'idée vous fait frémir, hein ? On voit d'ici votre mine horrifiée. À la simple idée de plier le linge, faire la vaisselle, remplir votre déclaration d'impôts, vous vous découragez et trouvez toutes sortes d'excuses pour vous en passer. Vous ne voulez pas intégrer que les contraintes font partie de la vie d'adulte et plus vous les repoussez, plus elles prennent de la place dans votre esprit et… dans votre appart ! Mais contrairement à ce que vous croyez, être désordonnée n'est pas un trait de caractère immuable. Dommage, hein, vous auriez bien aimé faire de votre désordre l'étendard de votre personnalité bohème (on sait !), mais ~~pas de~~ quelle chance : on vous livre dans ce cahier un max d'astuces pour organiser votre désordre et on a même consacré un chapitre entier à la gestion des corvées : plus d'excuses, mais vous n'allez pas le regretter !

Chapitre 1

Les ennemis de mon organisation

Vous avez des idées plein la tête mais vous n'en accomplissez quasi aucune ? Vous travaillez dans l'urgence, le stress et la culpabilité ? Vous fuyez les contraintes comme la peste et elles reviennent ensuite vous hanter ? Rassurez-vous, vous n'êtes pas la seule : il y a des raisons derrière ces comportements (découvrez-les) et des solutions simples pour y remédier (ça tombe bien, on est mo-ti-vées pour les adopter !)…

Si vous avez fait le test proposé dans les pages précédentes, vous savez déjà si vous avez plutôt tendance à procrastiner, à vous éparpiller, à fuir les contraintes ou à vous sentir débordée… mais il est fort probable que vous soyez aussi un peu tout ça à la fois. Petit tour d'horizon de la désorganisation et des astuces pour s'en débarrasser.

Je procrastine

Ce que ça cache et ce que ça dit de moi…

Peur ou paresse ?

Au cœur de la procrastination, il y a souvent la peur, mais presque jamais la paresse ! Ouf, vous pouvez déjà souffler et arrêter de vous dénigrer : non, vous n'êtes pas une vilaine flemmarde : c'est très probablement la peur, pas la flemme, qui vous cloue au canapé. Mais quelle peur ? Quand on touche à la procrastination, les peurs sont multiples et souvent très ancrées dans notre histoire personnelle : peur d'échouer, peur du regard des autres, peur de réussir (eh oui, ça existe : coucou l'autosabotage !), peur de ne pas faire quelque chose de parfait… alors, dans le doute, on ne fait rien et ça nous mine le moral.

La bonne nouvelle, toutefois, c'est que vous êtes loin d'être la seule dans ce cas : 20 % de la population serait touchée par la procrastination. Mais si nous sommes toutes un peu

des procrastinatrices en puissance, nous ne sommes pas toutes armées de la même manière pour combattre habilement ce petit démon qui nous pousse à tout repousser. Car il y a presque autant de raisons de procrastiner que de procrastinatrices : vous pouvez simplement trouver le travail dans l'urgence plus motivant ou manquer de confiance en vous, être trop exigeante avec vous-même ou encore paralysée par le regard des autres… Et la culpabilité qui en découle pourra être plus ou moins forte, car ce n'est pas la même chose que de remettre tout au lendemain, à la dernière minute ou aux calendes grecques.

L'échelle de ma procrastination

Notez où vous vous situez sur une échelle de 1 à 10 (10 étant « Je suis super bloquée » et 1, « Je procrastine ponctuellement, mais je gère »).

1 ☐ 2 ☐ 3 ☐ 4 ☐ 5 ☐ 6 ☐ 7 ☐ 8 ☐ 9 ☐ 10 ☐

Comment combattre l'ennemi ?

Il faut bien commencer un jour !

Et là, vous vous dites : « Ben, justement c'est le problème, je n'arrive pas à commencer ! » Commencez quand même ! Soupir… On vous explique : admettons que vous rêviez d'écrire un roman mais que vous ne le commenciez jamais, de peur de vous rendre compte que vous écrivez en fait comme un pied (on vous l'accorde, le roman, c'est tout de suite hyper impressionnant, mais ça marche tout aussi bien pour une simple lettre de motivation !). Eh bien, justement, c'est pile au moment où vous vous retrouvez vraiment bloquée que vous avez besoin d'écrire toutes les bêtises qui vous passent par la tête pour vous libérer. Ne vous arrêtez pas pendant une heure, relisez et dédramatisez. Soit c'est nul (pas grave, c'était le but !), soit l'inspiration est venue en écrivant (parfait !).

Ne vous découragez pas : il se peut que vous restiez 20 minutes, ou même 1 heure ou 2 devant votre page blanche : c'est extrêmement frustrant mais aussi très gratifiant (vous ne laissez pas la procrastination gagner, vous persévérez, ce qui signifie une victoire suprême sur vous-même et une fierté bien placée !). Et plus vous le ferez, moins

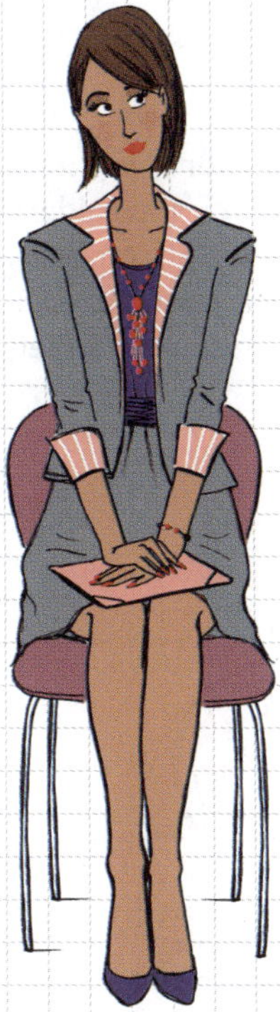

ce petit démon de la procrastination aura de prise sur vous car il saura que vous ne vous laissez pas faire comme ça (« C'est qui, la boss ? »). Souvenez-vous, c'est toujours le premier pas qui est le plus dur : une fois enclenchée cette première étape, même dans la douleur, la procrastination finit par s'envoler. Et, promis, à la fin de la journée, vous serez bien plus fière de vous d'avoir bravé la page blanche que d'avoir passé l'après-midi à tester dix nouveaux filtres Snapchat. Vous pourriez même avoir la bonne surprise d'accomplir beaucoup plus que ce que vous ne vous imaginiez (et pour cause, vous vous sous-estimez !).

Morcelez vos objectifs

Une des raisons majeures qui vous incitent à tout repousser est que vous vous faites une montagne de la tâche à accomplir. Or, comme on l'a vu, le premier pas est souvent le plus dur à enclencher, mais il ne faut pas oublier les autres. Pour ne pas vous retrouver à nouveau paralysée par la peur, il peut être super utile de découper la tâche à accomplir en plusieurs petites tâches, beaucoup moins effrayantes, prise une par une, plutôt qu'un seul grand but *a priori* inatteignable.

Post-it mantra : « Fait, c'est mieux que parfait ! » À se remémorer en cas de besoin.

Exemple : vous souhaitez répondre à une offre d'emploi

Si le fait de devoir écrire d'un seul jet la lettre de motivation parfaite vous tétanise, vous pouvez commencer par aller sur le site de l'entreprise, pour vous renseigner (check), noter ce que vous avez compris du poste (check), réfléchir à trois qualités qui font de vous la candidate idéale (check) et penser à une ou deux formulations de politesse (check). Une fois ces mini-tâches réalisées, la big corvée (l'écriture de la lettre de motivation) coulera de source.

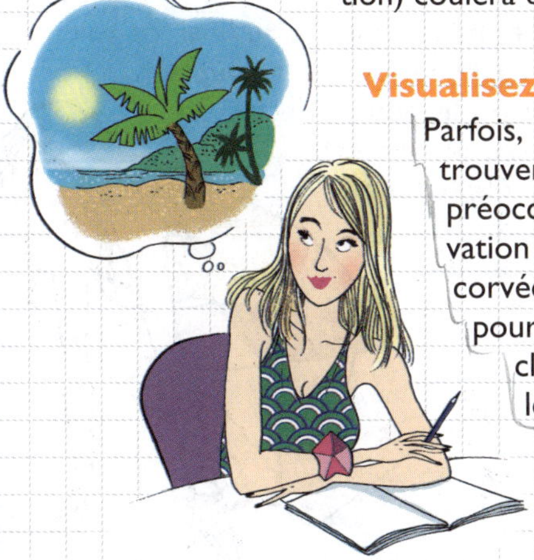

Visualisez

Parfois, vous avez juste besoin de trouver un sens à cette tâche qui vous préoccupe, faute de quoi vous aurez du mal à dénicher la motivation pour vous y mettre. Ne perdez pas de vue le but de cette corvée : si vous la jugez utile, puisqu'elle fait partie d'un rouage pour arriver à un objectif sympa, vous renâclerez moins à l'enclencher. Enfin, prenez le temps de vous asseoir, de fermer les yeux et visualisez-vous, une fois la tâche accomplie. Ressentez vraiment ce bien-être et/ou cette fierté vous envahir : ça vous motivera à coup sûr !

Récompensez vos efforts

Vous avez persévéré et vous vous êtes débloquée ? Bravo, c'est génial ! D'abord, félicitez-vous, comme on vient de le faire, et souvenez-vous-en pour la prochaine fois : ça vous aidera à relativiser. N'hésitez pas non plus à vous récompenser en vous offrant un petit plaisir, de préférence une chouette expérience (spa, resto…) plutôt qu'un objet qui pourrait vous encombrer (contre-productif) ou vous culpabiliser (vous avez déjà trois parfums : est-ce bien raisonnable ?).

Les procrastinateurs célèbres

Pas facile d'en trouver, car rares sont ceux qui l'avouent (ou l'assument) mais Steve Jobs, l'ex-boss d'Apple, était par exemple un grand adepte de la procrastination (créative) et Oscar Wilde était connu pour son aphorisme taquin : « Je ne remets jamais au lendemain ce que je peux faire le surlendemain. » Ok, donc on peut procrastiner et réussir : mais on vous voit venir, hein, ce n'est pas une raison pour les utiliser comme excuse !

La procrastination peut aussi être une qualité !

Alors là, c'est à n'y rien comprendre ! La moitié de ce chapitre traite du petit démon fourbe de la procrastination qui vous empêche d'agir et de vous épanouir, et tout à coup, on vous dit qu'en fait, ce n'est peut-être pas si grave ? Eh bien, oui et non. Il est aussi possible que vous procrastiniez et que vous le viviez très bien (ça arrive !). Pour cela, il suffit de l'accepter et que les sources de cette procrastination ne soient pas ancrées dans la peur mais plutôt dans une grande créativité.

Admettons que vous ne travailliez toujours qu'à la dernière minute mais qu'au final, ce soit toujours à ce moment-là que votre génie fuse et que tout coule de source : à coup sûr, vous avez mis tout ce temps (qui vous semblait perdu) à profit pour réfléchir à votre projet, le faire avancer et mûrir dans votre cerveau (même sous votre douche), sans vous en rendre compte. Si c'est le cas, félicitations, vous savez procrastiner utile, c'est une chance ! C'est une chose de s'arrêter de travailler pour aller vider le pot de pâte à tartiner tout en se rongeant les ongles et/ou les sangs (miam !)… c'en est une autre de procrastiner pour faire avancer un projet parallèle enthousiasmant ou de savoir faire une pause bénéfique pour prendre du recul sur la tâche à accomplir.

Bien canalisée, votre procrastination peut donc être la source d'une grande créativité !

L'essentiel est d'avoir toujours en tête la deadline, de veiller à la respecter, à ne pas trop angoisser et à ne jamais culpabiliser. Si vous y arrivez, c'est parfait, mais si ça devient trop compliqué, c'est que ce mode de fonctionnement ne vous convient plus. Ne tirez pas trop sur la corde et adoptez les astuces ci-dessus.

Entraînez-vous à répondre à la petite voix néfaste du démon de la procrastination

Cette petite voix qui vient vous souffler à l'oreille de très mauvaises excuses pour ne pas vous y mettre.

Exemples :

- **Petite voix pénible :** « Ça ne sert à rien, ton truc ! »

Ce que je lui réponds : « Faux ! Cette tâche a un but : c'est une étape indispensable si je veux dégoter le job de mes rêves/arriver à rendre ce mémoire/perdre 5 kilos (par exemple). »

- **Petite voix pénible :** « Tu ne vas jamais y arriver ! »

Ce que je lui réponds : « Mais si, il me suffit de prendre mon temps et d'y aller par petites étapes. »

À vous de jouer maintenant !

Noter vos pensées néfastes soufflées par le démon procrastination dès qu'elles vous viennent à l'esprit et répondez à ses réflexions désobligeantes grâce aux astuces glanées dans ce chapitre.

Petite voix pénible :

....

Ce que je lui réponds :

....

Petite voix pénible :

....

Ce que je lui réponds :

....

Je suis débordée

Ce que ça cache et ce que ça dit de moi...

A priori, vous seriez plutôt bien organisée puisque vous faites un max de trucs ! Mais « overbookée » ne veut pas toujours dire « productive » ! Vous pouvez vivre à 1 000 à l'heure, ne jamais procrastiner, accomplir plein de choses, jouer les super working girls que rien n'arrête, mais, au final, vous sentir épuisée, débordée et pas forcément épanouie. Pourquoi ? Parce que, dans l'histoire, il y a de forte chance que vous oubliiez le principal dans ce tourbillon d'activités : vous ! Vous relevez chaque défi, vous vous (im)posez des challenges excitants, vous ne voulez manquer aucune opportunité... mais au final, que cherchez-vous à prouver ? Quel idéal de Wonder Woman en puissance voulez-vous atteindre ? Éternelle insatisfaite, vous êtes capable de penser dans votre lit à tout ce que vous auriez encore pu faire dans votre journée, pourtant déjà bien remplie. Vous pestez car les journées ne durent que 24 heures et d'être obligée de dormir 7 heures pour récupérer. La perte de temps vous affole et vous voulez en profiter au maximum, quitte à tirer sur la corde : gare au burn-out ! Cette suractivité peut également cacher une tendance exacerbée au perfectionnisme. Vous ne chercheriez pas à être « miss Parfaite », par hasard ? Ou vous faites tout pour éviter d'affronter quelque chose en blindant votre agenda à ce point ? Posez-vous la question. Être occupée, c'est top, mais est-ce que le jeu en vaut la chandelle si vous finissez stressée et lessivée à la fin de la journée ?

Post-it mantra : « Mon passe-temps favori, c'est laisser passer le temps, avoir du temps, prendre son temps, perdre son temps, vivre à contretemps. » (Françoise Sagan)

Comment combattre l'ennemi ?

Apprenez à dire non

D'abord à vous-même et à vos exigences : vous n'êtes pas obligée d'être toujours au top ! Ne soyez pas non plus esclave de vos to-do lists, apprenez plutôt à les équilibrer pour alterner corvées et plaisir, temps pour vous et temps pour les autres.

Les autres, justement, c'est à eux qu'il faut que vous appreniez aussi à dire non : indispensable afin de vous libérer du temps pour souffler. Un agenda noirci, des to-do lists longues comme le bras, une vie sociale trépidante (trois soirées prévues samedi prochain : vous allez devoir jongler !) et toujours prête à aider, organiser, coacher… vous êtes un peu la GO de votre bande : mais gare à ne pas trop vous mettre la pression ! Que ce soit votre perfectionnisme qui vous empêche de déléguer ou bien votre ego qui soit flatté qu'on fasse toujours appel à vous, ou encore votre désir louable de ne manquer aucune opportunité… vous avez toujours une bonne raison de tout accepter, mais votre journée n'est pas extensible !

Prenez le risque, une fois, de décliner une invitation et voyez ce qu'il se passe : il est fort probable que personne ne vous en veuille et que vous passiez un excellent moment en tête à tête avec vous-même. D'ailleurs, n'est-ce pas un peu ça que vous cherchez à éviter dans cette frénésie d'action ? Promis, seule de temps en temps, vous serez aussi en bonne compagnie.

Prenez votre temps… pour vous !

Votre agenda n'est pas uniquement fait pour être noirci de corvées de tout poil, d'activités en tout genre et d'invitations sympas mais éreintantes. Mettez un peu de hygge dans votre vie : vous savez, cette tendance scandinave qui a élevé au rang d'art de vivre le fait de lire un bon bouquin, emmitouflée dans un plaid à la lueur des bougies ! Pour être équilibrée et pour se ressourcer, des moments de calme sont indispensables. Comment ça, vous n'avez pas le temps ? Mais si, il vous suffit de revoir vos priorités et de caler des plages « temps pour moi » dans votre agenda (ou même sur vos to-do lists !).

Une fois par jour ou par semaine, selon votre planning et vos envies, réservez-vous un moment cool rien que pour vous et écoutez-vous. Méditation, yoga (mais sans pression !) ou simple farniente : à vous de choisir ce qui vous convient. Vous ne savez pas comment vous y prendre, ou comment vous y tenir ? Pour trouver l'inspiration cocooning, checkez notre chapitre sur les rituels, vous y apprendrez comment intégrer un peu de sérénité dans votre quotidien trépidant sans trop rogner sur votre envie de croquer la vie à pleines dents.

Je m'éparpille

Ce que ça cache et ce que ça dit de moi…

Votre esprit bouillonne de découvrir, apprendre, expérimenter tout un tas de choses : vous voudriez créer votre blog, changer de boulot, apprendre le chinois, vous investir dans une association caritative, passer enfin votre permis bateau et être une virtuose du ukulélé… En fait, vous voulez tellement de choses à la fois que vous n'en faites (quasi) aucune : au final, ce sont vos objectifs de vie qui en pâtissent, car vous n'avez pas su dégager, prioriser le plus important pour vous ! En cause ? Une mauvaise gestion des priorités et un manque de concentration qui vous incitent plus à papillonner qu'à passer à l'action.

Comment combattre l'ennemi ?

Priorisez et choisissez

Vous pouvez tout faire (vous en êtes capable !) mais… vous ne pouvez pas tout faire en même temps. Prenez une feuille volante et notez toutes les choses que vous voudriez faire, ne vous censurez pas. Ensuite, organisez-les par priorités. Pas facile ? Écoutez-vous pour savoir si, par exemple, votre envie d'apprendre le chinois est une lubie récente et passagère ou un désir ancré en vous depuis plusieurs années.

Il y a un temps pour tout : si vous venez tout juste de commencer un nouveau boulot, ce n'est peut-être pas le moment de penser à votre tour du monde : planifiez-le pour plus tard.

Une fois que vous aurez déterminé l'objectif le plus important pour vous, il va falloir vous concentrer dessus… en oubliant les autres, pour un temps.

Post-it mantra :
« Choisir, c'est accepter de renoncer. »

Déconnectez

Pas facile de vous concentrer quand tout autour de vous vous invite à vous éparpiller et à papillonner… à commencer par votre smartphone et ses notifications incessantes. Pour accomplir une tâche de bout en bout, vous aurez besoin de vous cadrer, de vous auto-discipliner, et c'est incompatible avec le fait d'être sans arrêt interrompue.

Apprenez à ne faire qu'une chose à la fois, quitte à éteindre votre smartphone pendant 45 minutes (laps de temps idéal au-delà duquel la concentration n'est plus aussi optimale). Besoin d'aide pour déconnecter ? N'hésitez pas à checker le chapitre 5 : « Je gère ma vie numérique comme une pro » pour ne plus être esclave de votre smartphone et de vos e-mails.

Je suis désordonnée

Ce que ça cache et ce que ça dit de moi…

Cette phobie des contraintes et des tâches rébarbatives cacherait-elle une petite tendance à la flemme ? Hum, peut-être, mais pas si sûr !

Et si tout ça n'était en fait qu'une rébellion contre le fait de grandir, de devenir pleinement adulte, un refus d'aller vers plus d'autonomie ? Ça vous parle ? Vous avez tendance à cacher votre désordre perpétuel et votre aversion pour les contraintes derrière une posture : « Je suis bordélique, c'est comme ça », avec une pointe de fierté et de défi dans la voix qui ne trompe personne (même plus vous). Alors, bon, tout ça c'était sympa pour faire enrager vos parents quand vous étiez ado, mais vous avez bien vu que le jour où vous avez eu votre propre appart, votre désordre n'embêtait plus que vous et que le contempler au quotidien ne vous renvoyait plus cette image cool et détachée (la mauvaise excuse !) que vous espériez. La preuve ? Le temps monstre passé à faire votre ménage de printemps de fond en comble… et le soulagement psychologique qui s'est ensuivi (vous voyez le lien, maintenant ?).

Comment combattre l'ennemi ?

Acceptez-les !

Eh oui, désolée, il va falloir oublier la baguette magique : les contraintes et les corvées ne disparaîtront jamais. Il ne sert à rien de lutter, pester, soupirer, éviter, traîner la patte ou

renâcler : votre désordre sera toujours là demain, à moins que vous vous y confrontiez une bonne fois pour toutes.

Première étape ? Commencez par faire un audit de toutes les corvées que vous détestez et que vous repoussez. Parmi ces corvées, notez celles qui vous culpabilisent ou vous impactent le plus et encombrent votre esprit. Ce sont celles-là qu'il ne faut plus repousser, car elles peuvent, à terme, miner insidieusement votre moral et votre confiance en vous.

Exemple : vous ne faites jamais vos comptes et vous avez toujours une petite boule à l'estomac quand vous devez retirer de l'argent au distributeur ? C'est un signe que l'évitement vous fait plus de mal que de bien. Le but de vous confronter à ces contraintes, c'est aussi d'obtenir un sentiment de fierté que vous avez tendance à sous-estimer (au détriment d'autres petits plaisirs fugaces) : celui de la tâche accomplie.

Vous seriez étonnée du plaisir que peut procurer une vaisselle faite après un repas. Bon, pas forcément sur le coup, on vous le concède… mais lorsque vous serez ensuite devant la télé, à cocooner, votre détente sera dix fois plus efficace car elle ne sera pas teintée de culpabilité : ce sera un VRAI moment de plaisir et non une fuite déguisée.

Post-it mantra : « J'accepte ce que je ne peux pas changer. »

Rusez !

Ça y est, vous commencez à vous faire à l'idée qu'il va falloir accepter les contraintes ? Vous vous êtes interrogée sur les raisons qui vous poussaient à les éviter ? Parfait ! Ça ne vous enchante pas plus que ça ? C'est normal, mais la bonne nouvelle, c'est que ces corvées ne sont pas non plus obligées de vous bouffer la vie : vous n'avez pas à les subir ni à y passer plus de temps que nécessaire. Il est tout à fait possible de s'organiser pour qu'elles prennent très peu de place dans votre quotidien, jusqu'à se faire oublier… ou presque ! C'est même souvent ce qui arrive quand on cesse de vouloir les éviter à tout prix. Pour découvrir comment inclure, l'air de rien, vos corvées dans votre agenda, allez faire un tour au chapitre 4 (p. 45), il est truffé d'astuces qui pourront vous être utiles !

Visualisez votre journée rêvée !

Notez sur cette page tout ce que vous aimeriez accomplir en 24 heures si vous étiez super organisée et, n'oubliez pas, vous avez le même nombre d'heures que Beyoncé dans une journée !

7h00 = Reveil - douche - pipi - pdj + ELYA
9h00 = Boulot
↳ 18h00.
12h30 - 14h00 = Pause dej ⇒ insta ...
18h00 - PLB + sport + ELYA
20h30 = diner + repos avec doudou.

Chapitre 2

Le pouvoir des listes

Pourquoi et surtout comment faire des to-do lists efficaces, utiles et même ludiques sans finir par s'éparpiller ? Petit tour d'horizon des méthodes qui ont fait leurs preuves pour nous aider à ne plus procrastiner. Du Bullet Journal® au Pomodoro, en passant par le mind mapping…, testez ces techniques efficaces pour booster votre productivité et votre créativité et adoptez celles qui vous correspondent.

Les méthodes créatives : vive le journaling et le mapping !

C'est pour moi ou pas ?

Oui, si vous trouvez les to-do lists lambda assommantes et si vous avez besoin d'insuffler un peu de créativité dans votre productivité.

Le **journaling** a été pensé pour organiser vos tâches au quotidien mais aussi pour vous aider à accomplir vos objectifs de vie (professionnels ou personnels) sur le long terme.

Le **mapping** est une méthode ludique qui vous permettra de ne plus vous éparpiller et de mettre enfin de l'ordre dans vos idées.

Je file à la papeterie !

En ville ou en ligne, vous trouverez désormais au rayon papeterie un vaste choix d'agendas, calendriers, planners, carnets, semainiers pensés pour booster votre productivité. Leurs petits noms ? Bujo, Midori (plusieurs petits carnets en un), M3 Journal, Best Self journal… Feuilletez-les, testez-les si le cœur vous en dit, mais il faut parfois en essayer plusieurs avant de trouver celui qui nous correspond et qu'on utilisera sur la durée. Ici, nous avons choisi de nous focaliser sur le Bullet Journal®, car il est totalement personnalisable et ne va pas plomber votre budget. C'est aussi un peu le père de toute cette tendance journaling sur laquelle surfent tous les autres « self journals » actuellement.

Focus sur le Bullet Journal®

Toutes les listes de ta vie, en lui réunies ! Explications et mode d'emploi…

Quèsaco ?

Le Bullet Journal® est tout simplement un carnet dans lequel sont réunis au même endroit notre agenda et toutes nos listes : fini, les feuilles volantes, les Post-it, les blocs-notes… Une tâche à accomplir ? Une idée qui vous passe par la tête ? Vous la notez dans votre Bullet Journal® et nulle part ailleurs. Mais, attention, pas n'importe comment, selon une méthode simple (mais codifiée) qui prend environ 10 minutes à mettre en place.

Le Bullet Journal® a été créé par Ryder Carroll, un designer américain, qui le définit ainsi : « une méthode destinée à garder une trace du passé, organiser le présent et planifier l'avenir ». Tout un programme !

Les bons outils

Un cahier, un stylo et, allez, on vous autorise à sortir une règle en option pour tracer des traits droits, mais… c'est tout ! La bonne nouvelle, c'est que vous pouvez utiliser n'importe quel cahier ou carnet (même un déjà commencé !), même si le format A5 est souvent conseillé. Ce n'est pas le plus simple à transporter, mais c'est le plus pratique à remplir pour avoir un max d'infos utiles visibles sur une seule page.

Côté stylo, l'essentiel est d'en choisir un qui ne bave pas au recto de la feuille et à pointe plutôt fine pour éviter de perdre trop de place dans votre prise de notes (un Bic noir, ça marche très bien). Vous aviez hâte de trouver une excuse pour filer à la papeterie et faire le plein de feutres de couleurs, fluos, masking tape et autres gommettes ? Attendez un peu avant de vous embarquer dans une frénésie DIY ! Pour commencer, mieux vaut s'en tenir à ces deux basiques : le carnet et le stylo, au risque de s'éparpiller.

À noter
Il existe un carnet officiel « Bullet Journal » que les puristes utilisent. Il s'agit du Leuchtturm1917, un carnet A5 à pointillés, dont le seul vrai avantage, à notre avis, est d'avoir des pages numérotées : à vous de voir, à l'usage, si vous souhaitez investir dans ce carnet.

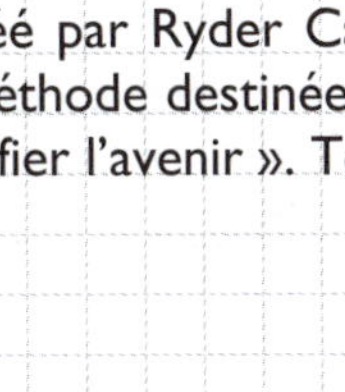

Petit lexique du Bullet Journal®

Le vocabulaire du Bullet Journal® est essentiellement en anglais et ne se traduit pas toujours très bien. Petit tour d'horizon non exhaustif des expressions réservées aux initiées.

- **BuJo** : c'est le petit nom du Bullet Journal®, pour les intimes. Pratique, pour trouver l'inspiration sur les réseaux sociaux : cherchez le hashtag #bujo.

- **Bucket list** : la liste de vos envies. Vous y notez tout ce que vous souhaiteriez faire ou accomplir dans votre vie.
- **Bullet** : une puce. Pensez à l'expression anglaise « bullet point ».
- **Collection** : une page regroupant des notes sur une thématique précise.
- **Index** : la table des matières de votre Bullet Journal®.
- **Migration** : le fait de reporter une tâche non accomplie.
- **Future log** : le planning annuel (ou semestriel).
- **Monthly log** : le planning mensuel.
- **Daily log** : le planning au jour le jour.
- **Signifiers** : les symboles permettant d'attirer l'attention sur une note ou une tâche à accomplir.
- **Trackers** : les traqueurs. Très utiles pour traquer vos habitudes de vie et tenir vos objectifs.
- **Brain dump** : littéralement, « poubelle de cerveau ». C'est la page du Bullet Journal® où vous notez pêle-mêle tout ce qu'il vous passe par la tête. Son but ? Éviter d'encombrer vos autres pages de to-do lists inutiles.

C'est parti !

Avant de commencer, nous vous conseillons de visionner la vidéo explicative et très bien faite (sous-titrée en français) qui dure 5 minutes sur la page d'accueil du site officiel du créateur : www.bulletjournal.com.

Étape 1 : la page key

La méthode Bullet Journal® est simple, mais très codifiée, pour une prise de notes cohérente et rapide. Allez sur la page de garde de votre carnet et indiquez « key » (ou « clés » si vous préférez) et reportez-y les symboles suivants, à maîtriser avant de commencer toute prise de notes.

- **Un point = une tâche à accomplir**
  Exemple : • Nettoyer la salle de bains.
- **Un cercle = un événement, un rendez-vous**
  Exemple : O RDV chez le dentiste à 18 h.
- **Une croix = mission accomplie : la tâche a été effectuée !**
  Exemple : X Nettoyer la salle de bains (= c'est fait, on peut passer à autre chose).
- **Un trait = une note**
  Ça peut être une information utile, une citation inspirante, une idée, une pensée… En tout cas, tout sauf une tâche ou un événement.
  – « La réussite, c'est d'aller d'échec en échec sans perdre son enthousiasme. » Winston Churchill

– « Keep Calm and Carry On. »
– « Si vous n'échouez pas de temps à autre, c'est signe que vous ne faites rien d'innovant. » Woody Allen

- **Une flèche vers la droite : la tâche n'a pas été accomplie**

Ou elle a été reportée ou « migrée » en langage Bullet Journal® (voir le paragraphe sur la migration, p. 24).

Exemple : > Prof absent : pas de cours de théâtre aujourd'hui.

- **Une flèche vers la gauche : la date a été reprogrammée**

Souvent replanifiée à une date précise mais loin dans le temps – dans le mois à venir, par exemple (voir également le paragraphe sur la migration, p. 24).

Exemple : < soirée chez Éléonore.

Voilà, ce sont les symboles basiques du Bullet Journal® à connaître et c'est bien plus simple qu'il n'y paraît, car très logique. Mais on peut y ajouter, si on le souhaite, des « signifiers », c'est-à-dire des petits symboles destinés à apporter plus d'informations, à prioriser une tache ou juste à attirer l'attention dessus.

- **Une étoile = important**

Exemple : * O RDV dentiste à 18 h.

- **Un point d'exclamation = inspiration**

Il est souvent associé à une note.

Exemple : ! – Le permis, c'est l'autonomie ! Penser à s'inscrire (enfin) dans une auto-école.

- **Un œil = à explorer, à creuser**

Cette idée nécessite d'autres recherches.

Exemple : On peut apprendre à coder gratuitement sur le net !

Il s'agit des symboles officiels du Bullet Journal®, ce sont les basiques à maîtriser, vous pourrez ensuite les adapter, voire en inventer d'autres, à votre guise.

Étape 2 : l'index

Ouvrez votre cahier à la première double page vierge et intitulez-la « Index », faites de même avec les deux autres pages suivantes.

L'index, c'est un peu la table des matières de votre Bullet Journal®. Vous y indiquez à quoi correspondent les autres pages du carnet (titre et numéro de la page). Exemple : vous ne retrouvez plus la page où vous aviez noté toutes vos idées de recettes ? Hop, un coup d'œil à votre index et vous avez la réponse ! L'index est très utile pour naviguer facilement dans ce carnet qui, sans lui, serait juste une compilation de notes un peu « fouillis » et pas très organisée.

N'oubliez pas de numéroter vos pages chaque fois que vous en noircissez une nouvelle et de reporter dans l'index à quoi elle correspond.

Exemple : *Key : page 1, Index : pages 2-5, etc.*

Étape 3 : le future log

Mettez-vous sur la prochaine double page vierge et divisez chacune des pages en trois en traçant des lignes horizontales. Indiquez ensuite les mois correspondants dans les cases.
Cette page va vous permettre d'avoir une vision claire de ce qui vous attend dans les six mois à venir : tâches, RDV, événements, anniversaires, vacances, concerts… tout ce qui peut se planifier à l'avance dans le futur est noté sur ces pages : une vision d'ensemble souvent enthousiasmante et rassurante.

→ **Évitez dans la mesure du possible de laisser des pages vierges dans votre Bullet Journal®**, tout doit se suivre pour un index le plus cohérent possible. Anticipez dès le début si vous avez besoin d'avoir une double page (pour le future log et le monthly log surtout).

Étape 4 : le monthly log

Le monthly log représente votre planning mensuel. Sur la page de gauche, inscrivez en titre le mois où vous commencez ce carnet. Puis, sur la colonne de gauche de cette page, notez le numéro et la lettre de chaque jour. À côté, sur la même page, notez ensuite les RDV et événements les plus importants du mois. En face, sur la page de droite, notez les tâches du mois à accomplir.
Le monthly log vous permet d'organiser au mieux vos événements sur le mois et d'avoir une vision d'ensemble des tâches et objectifs à accomplir pendant cette période.

Étape 5 : le daily log

Le daily log, comme son nom l'indique, est votre planning journalier. Il vous suffit de commencer la page en écrivant la date du jour (exemple : « Vendredi 4 mars ») et d'y noter pêle-mêle les tâches, notes, RDV, événements et deadlines du jour. Seule contrainte ? Respecter les puces correspondantes (voir étape 1 : « La page key », p. 22).

→ **N'anticipez pas trop en écrivant les dates à l'avance** : vous risqueriez de manquer de place. Planifiez plutôt la veille au soir votre journée du lendemain et n'hésitez pas à consulter votre daily log le plus régulièrement possible.

La migration

C'est là que le Bullet Journal® se révèle le plus utile, car c'est cette astuce qui va vous aider à ne plus procrastiner et à être plus productive. Chaque soir, revenez sur votre daily log et faites une croix devant les tâches accomplies (moment de satisfaction très gratifiant !). Puis intéressez-vous à ce que vous n'avez pas eu le temps de faire dans la journée. Plutôt que de l'oublier ou de la jeter comme vous l'auriez fait avec une vulgaire to-do list sur feuille volante, il va falloir désormais décider de ce que vous allez faire de cette tâche en suspens. Soit elle n'est plus d'actualité ou plus pertinente, auquel cas, aucun scrupule : rayez-la ! Soit elle doit

être accomplie au plus vite, dans ce cas : migrez-la ! Comment ? En dessinant sur la puce une flèche allant vers la droite et en reportant cette tâche au jour suivant. Et ainsi de suite. Vous ne pourrez plus faire l'autruche et procrastiner indéfiniment car, chaque matin, cette tâche à accomplir se retrouvera à nouveau sur votre to-do list du jour : c'est la magie de la migration ! Une tâche a été reportée par un tiers ou à une date ultérieure précise ? Dessinez sur la puce une flèche allant vers la gauche et reportez cette tâche dans votre future log. L'idée ? Chaque soir ou chaque matin, regardez les tâches de la veille à migrer, et chaque début de mois, faites de même avec votre précédent monthly log.

N'hésitez pas à faire des allers-retours réguliers entre votre future log, votre monthly log et votre daily log à la recherche de tâches à migrer : ne laissez plus rien en plan !

Les collections

C'est une des fonctions les plus sympas du Bullet Journal®, qui ne sert pas seulement à noter des tâches rébarbatives et à organiser au cordeau votre quotidien. À tout moment, vous pouvez utiliser une nouvelle page pour créer une collection : c'est-à-dire une page de notes dédiée à une thématique précise. Plus fun qu'une to-do list, il s'agit là de noter et d'organiser vos idées, vos pensées… vous savez, toutes ces notes qui étaient auparavant éparpillées dans de multiples carnets, applis ou Post-it !

Quelques exemples de pages collections :

- Mes recettes préférées
- Livres à lire
- Films vus au cinéma cette année

À vous de continuer !

Listez ci-dessous vos idées de collections pour votre Bullet Journal.

- ……………………………………………
- ……………………………………………
- ……………………………………………
- ……………………………………………

Les trackers d'habitudes

Ça y est, vous maîtrisez les bases ? Parfait ! Sachez que le Bullet Journal® n'est pas figé, il a même été pensé pour être évolutif selon vos envies, et surtout vos besoins. Maintenant, vous avez le choix, vous pouvez garder cette méthode basique si elle vous convient (on vous conseille d'ailleurs de vous y tenir pour les deux premiers mois afin de vous familiariser avec la méthode) ou vous pouvez laisser libre cours à votre imagination. L'essentiel étant de garder le cadre basique défini ci-dessus.

Mais si vous ne deviez ajouter qu'un autre item à la méthode basique, ce serait les trackers d'habitudes (bonnes ou mauvaises !). Faciles à insérer sur une page, ils ne prennent pas de place et permettent de se rendre compte des progrès accomplis, d'atteindre ses objectifs ou de se motiver à changer une habitude.

C'est une grande source de motivation, de fierté et de satisfaction, et ça évite aussi de faire l'autruche !

Quelques exemples de trackers d'habitudes :

- Les jours où j'ai fait du sport
- Les jours où j'ai médité
- Les jours où j'ai mangé sain
- Les jours sans râler

Il y a mille et une façons d'insérer ces petits trackers d'habitudes (vous trouverez une mine d'inspiration sur le sujet sur Internet). En attendant, on peut vous conseiller de faire 30 petits carrés (ou autant que de jours dans le mois) et de les colorier en vert chaque fois que vous aurez atteint votre objectif. Vous pouvez par exemple leur faire une petite place sur la page de droite de votre monthly log.

Le Bullet Journal®, outil de productivité ou de créativité ?

« Les deux, si je veux ! » Si certaines utilisent le Bullet Journal® comme un outil de productivité pour s'empêcher de procrastiner, d'autres ont apporté une dimension hyper créative à la méthode en y ajoutant des couleurs, des dessins, du lettering… Chaque jour, elles ajoutent par exemple un petit nuage ou un soleil selon la météo et calligraphient la moindre entrée, tel un moine studieux du Moyen Âge. L'avantage ? C'est hyper joli (surtout si on est douée !), ça détend (si on aime ça !) et ça rend le Bullet Journal® plus précieux : plus qu'un notebook, il devient un vrai écrin à souvenirs. Dans tous les cas, ne vous sentez pas obligée de suivre la mode. Si vous avez l'impression de perdre votre temps au lieu d'en gagner, vous passez à côté du but premier.

Bullet Journal® : les pièges à éviter

Si ces points sont bloquants pour vous, n'hésitez pas à tester une autre méthode. Le Bullet Journal® doit rester utile et agréable à l'utilisation.

La redondance

Attention aux doublons : le Bullet Journal® n'est vraiment efficace que si c'est votre seul et unique carnet : si vous avez en parallèle un agenda papier, une appli Notes, un calendrier numérique… vous allez vous disperser, perdre du temps à tout recopier et oublier des choses, alors que l'objectif ultime du Bullet Journal® est de tout centraliser.

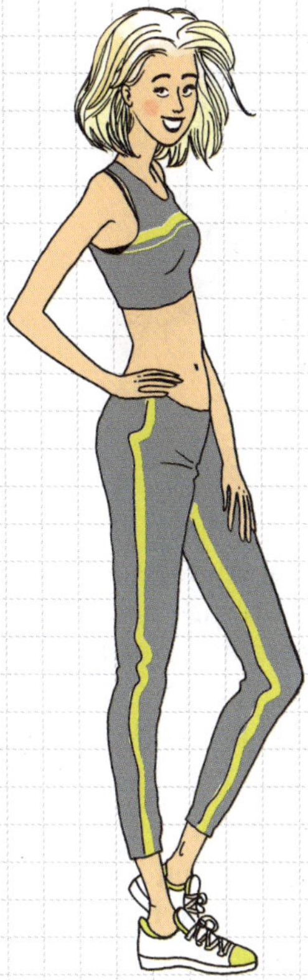

On ne l'a pas toujours sur soi

L'un des bémols du Bullet Journal® est qu'il est souvent un peu encombrant et reste à la maison. Cela nous oblige à le regarder le matin avant de partir et le soir en rentrant. Ce qui n'est pas plus mal, mais si une idée nous vient dans la journée… il faudra la recopier en rentrant !

Il peut se transformer en outil de… procrastination !

Eh oui, si, pour la plupart, le Bullet Journal® guérit de la procrastination, pour d'autres, au contraire, il sert d'excuse pour ne pas se mettre à l'action. Mine de rien, ça prend du temps de réfléchir à des collections, des codes couleurs et autres fioritures. Si vous sentez que c'est un risque : tenez-vous-en à la méthode de base, la plus simple possible, elle a été pensée pour être efficace.

On peut vite se mettre la pression

La tendance est au Bullet Journal® ultra créatif. Évitez de vous comparer : votre Bullet Journal® peut tout à fait être intime (c'est même souhaitable) et n'a pas vocation à faire son show sur les réseaux sociaux (haro sur Instagram !).

On peut devenir accro

Mais ce n'est pas toujours mauvais signe : tant que ça nous fait gagner plus de temps et non en perdre, ce n'est pas bien grave !

Trop de listes tuent les listes ?

Il faut veiller à ne pas trop alourdir vos daily log de tâches inutiles : le must ? Trois par jour maximum. Vous en faites trop ? Pensez au brain dump (voir lexique, p. 22 !).

Focus sur le mind mapping

Quèsaco ?

C'est une méthode graphique et créative qui permet d'organiser ses pensées et de débloquer ses idées en titillant son cerveau et en boostant son potentiel à l'aide de couleurs, d'images et d'associations d'idées. Tout est organisé sous forme d'arbre (ou d'arborescence) hiérarchisé en branches et sous-branches, avec une idée pour chacune.

Inventée en 1960 par Tony Buzan, la méthode du mind mapping peut s'adapter à tous les aspects de la vie : to-do lists, listes de courses, objectifs de vie… En fait, elle représente les connexions faites dans votre cerveau : si vous avez besoin de réfléchir et de mettre à plat vos idées sur un sujet précis, vous pouvez l'utiliser pour faire le point de manière synthétique, quel que soit le thème.

C'est pour moi ?

Oui, si vous vous éparpillez, si vous avez toujours le cerveau en ébullition et du mal à organiser vos idées. C'est une méthode qui rend plus productif et qui révèle aussi notre côté créatif : super bonus !

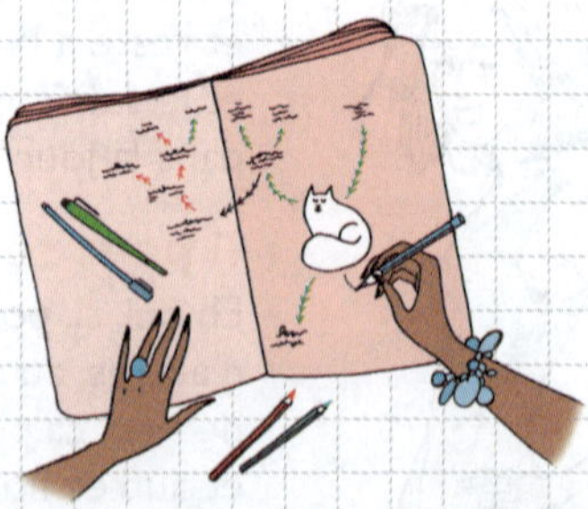

Les bons outils

Une feuille toute blanche (pas de lignes, pas de carreaux), des feutres de couleurs, votre cerveau et votre imagination !

C'est parti !

Étape 1

Commencez toujours par le centre de la feuille (placée en mode paysage). Ça vous laissera plus de place pour donner libre cours à votre imagination.

Étape 2

Dessinez une image représentant votre idée principale. Pourquoi une image et pas un mot ? Parce que le dessin va réveiller votre côté créatif et va paradoxalement vous aider à vous concentrer en mettant votre cerveau en ébullition.

Étape 3

Ne lésinez pas sur les couleurs. La mind map n'est pas faite pour être tristounette en noir et blanc. Pourquoi ? Parce que, tout comme les images, les couleurs vont venir titiller votre cerveau et booster votre pensée créative. Et puis, c'est aussi plus fun, non ?

Étape 4

Dessinez une branche connectée à cette idée/image principale, puis un deuxième niveau de branches connectées à cette branche principale, puis un troisième connecté au deuxième et ainsi de suite (si vous le souhaitez). C'est un peu le même principe qu'un arbre généalogique. Ces différents niveaux de branches représentent vos pensées, car votre cerveau, lui aussi, travaille par associations d'idées.

Étape 5

Dessinez des branches courbées, un peu comme celles d'un arbre. Pourquoi ? Parce que c'est beaucoup moins rasoir que des traits tout droits et plus joli aussi : on organise ses pensées, certes, mais en s'amusant.

Étape 6

Utilisez un mot clé par branche, pas plus. C'est plus parlant et ça évite de surcharger la mind map afin qu'elle ne devienne pas un amas de gribouillis illisibles (ce n'est pas le but !).

Étape 7

Ne lésinez pas sur les images : une à chaque branche si vous le souhaitez et si vous aimez dessiner. Les images sont toujours plus évocatrices que les mots (mais vous avez le droit de les utiliser quand même si vous préférez !).

Créez ici votre mind map !

Exemple : *au milieu de la feuille, on inscrit « Le job de mes rêves » et une branche pour le lieu (exemple : bosser chez moi, pas loin de chez moi, à l'étranger), une branche pour le salaire, une branche pour le sens et les valeurs associés à ce travail, une branche pour les tâches qu'on aimerait accomplir dans ce travail, une branche « convivialité » (collègues sympas, locaux accueillants, relations avec des clients, créativité…), une branche « horaires et contraintes », etc. Et hop ! on a la cartographie de notre job idéal !*

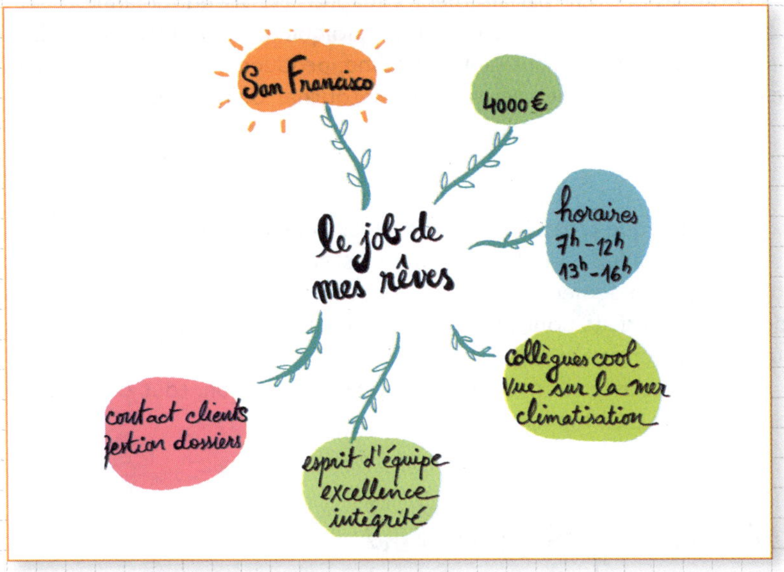

Pas d'idée pour votre mind map ? Et pourquoi ne pas vous entraîner tout bêtement en dessinant votre prochaine liste de courses ? Au centre, vous inscrivez « liste de courses » (ou dessinez un panier de légumes : l'image sera toujours plus fun que les mots !), puis chaque branche représentera un rayon du supermarché et chaque sous-branche un produit : une bonne manière de ne rien oublier.

Vous préférez une mind map moins prosaïque ? Décrivez les formations que vous voulez effectuer cette année, vos trainings sportifs en vue d'une course, votre prochain voyage… ou représentez vos objectifs de vie. Tout est permis : lancez-vous !

Et le sketchnoting, alors ?

Très proche du mind mapping, il existe aussi le sketchnoting : une façon ludique et créative (grâce à l'utilisation du dessin et à sa présentation plus instinctive) de prendre des notes et de mieux retenir ce qu'on a appris lors d'un cours, d'une conférence, d'une réunion. Vous pouvez aussi réaliser des mind maps à l'aide de logiciels.

Objectif efficacité : les méthodes à l'américaine

Quèsaco ?

Vous connaissez le secret des geeks prolifiques de la Silicon Valley ? Une autodiscipline boostée par des méthodes éprouvées, des techniques simples et des conseils de bon sens, à l'efficacité redoutable ! Ces méthodes sont souvent utilisées comme outil de productivité dans les entreprises américaines mais elles peuvent parfaitement s'adapter à la vie quotidienne.
Le bémol ? Elles sont un peu moins fun à mettre en place (quoique le Pomodoro puisse être assez réjouissant si on se motive !). Mais le but (autodiscipline, productivité et efficacité) sera atteint de manière sûre car tout est fait pour ne pas nous détourner de notre objectif !

C'est pour moi ?

Oui, si vous êtes plus pragmatique que créative. Vous n'avez pas envie de perdre votre temps à dessiner vos to-do lists ? Vous voulez aller droit au but, c'est-à-dire juste faire ce que vous avez à faire, et si possible le plus rapidement et le mieux possible ? Ces méthodes et conseils de bon sens sont faits pour vous. Parfaits pour les débordées-perfectionnistes et toutes celles qui cherchent avant tout à se cadrer et s'autodiscipliner.
Allez, hop !, c'est parti, on se retrousse les manches et on passe à l'action, tout de suite, en testant ces méthodes désarmantes de simplicité.

La plus ancienne : the Ivy Lee method

Quèsaco ?

La méthode de to-do list la plus vieille et la plus simple au monde. Il était une fois, en 1918, un riche industriel américain du nom de Charles R. Schwab, toujours à la recherche d'un moyen de battre la concurrence, qui fit appel à un consultant en productivité du nom de Ivy Lee. Celui-ci lui dévoila alors sa méthode de to-do list ultra simple mais efficace. Charles R. Schwab fut bluffé : Ivy Lee avait réussi à faire augmenter les résultats de sa compagnie en seulement trois mois.

C'est pour moi ?

Nul besoin d'être un magnat américain de la finance pour adopter cette méthode au quotidien. Elle sera parfaite pour vous si vous aimez la simplicité d'une to-do list efficace sans prise de tête ni fioriture, mais pleine de bon sens. Idéale aussi pour celles qui veulent recadrer leurs to-do lists, toujours longues comme le bras, ou éviter de procrastiner et de s'éparpiller au boulot.

Les bons outils

Une feuille et un stylo (basique, on vous dit) !

Programme : ma journée super organisée en mode Ivy Lee method

Découvrez les 5 règles d'or de la to-do list parfaite selon Ivy Lee (source : Fast Company, https://www.fastcompany.com/3062946/your-most-productive-self/this-100-year-old-to-do-list-hack-still-works-like-a-charm)…

Étape 1

À la fin de la journée, notez les 6 tâches les plus importantes que vous devrez accomplir le lendemain. Vous ne devez pas en noter plus de 6 (mais moins, c'est possible !).

Étape 2

Priorisez ces 6 tâches par ordre d'importance (en prenant en compte des paramètres objectifs !).

Étape 3

Le lendemain matin, regardez votre to-do list, prenez la première tâche par ordre d'importance, concentrez-vous et bossez dessus (et sur rien d'autre) jusqu'à ce qu'elle soit accomplie. Après avoir terminé la tâche la plus importante, et seulement après, vous pourrez passer à la deuxième tâche, et ainsi de suite.

Étape 4

À la fin de la journée, s'il vous reste une tâche à accomplir, reportez-la sur votre liste de 6 tâches (pas plus) à faire pour le lendemain.

Étape 5

Répétez ces étapes chaque jour (ou seulement chaque semaine si vous utilisez la méthode pour le boulot).

La plus motivante : la technique Pomodoro

La technique de la tomate pour ne plus se disperser et rester concentrée !

Quèsaco ?

La technique Pomodoro (ou tomate) a été inventée par un Italien, Francesco Cirillo, à la fin des années 1980. Elle est extrêmement simple mais rudement efficace. Son but ? Minuter la tâche à accomplir de façon très précise pour booster sa concentration et retrouver une motivation au top.

C'est pour moi ?

C'est la méthode idéale pour les accros aux notifs' WhatsApp ou Snapchat qui se laissent facilement déconcentrer, celles qui butinent de tâche en tâche sans rien terminer, les perfectionnistes qui aiment se challenger en accomplissant un maximum de choses en une journée et les procrastinatrices qui se retrouvent démotivées à la moindre tentation. Bref, elle convient à toutes les super (dés)organisées !

Les bons outils

Le seul outil dont vous aurez besoin est un minuteur, et c'est tout ! Le must et le plus fun ? Le minuteur vintage légué par votre chère mamie qui traîne dans un tiroir de votre cuisine : mais si, vous savez, celui en forme de citron (ou de tomate !). Vous ne le retrouvez pas ? Tant pis, n'importe quel minuteur fera l'affaire, même celui de votre smartphone (mais seulement si vous faites en sorte de ne pas vous laisser distraire par ce dernier).

C'est parti !

Et si vous testiez la méthode là, maintenant ? Allez, go !

Étape 1

Mettez votre smartphone en mode silencieux, cachez-le pour éviter toute notification visuelle intempestive et fermez votre navigateur Internet (sauf si vous en avez besoin pour travailler, bien sûr !).

Étape 2

Réglez un minuteur sur 25 minutes.

Étape 3

C'est parti ! Attelez-vous à votre tâche et ne faites absolument que ça pendant les 25 prochaines minutes : rien ne doit vous détourner de votre but ! Prête à relever le challenge ? Go !

Étape 4

Drrrrriiiing ! Les 25 minutes se sont écoulées ; faites une pause de 5 minutes et, pendant cette pause, faites tout sauf travailler : étirez-vous, sortez prendre l'air sur le balcon, regardez une vidéo de chatons mignons… Bref, videz-vous la tête et pensez à autre chose.

Étape 5

Les 5 minutes de pause se sont écoulées ! Commencez un nouveau Pomodoro.

Étape 6

Au bout de 4 Pomodori (« tomates » au pluriel !), faites une pause beaucoup plus longue de 15 à 20 minutes.

Verdict ?

Pomodoro est notre méthode coup de cœur ! D'abord pour sa simplicité, mais aussi pour le côté fun du challenge. Mais on l'apprécie surtout pour ses 5 minutes de pause qui nous autorisent à faire ce qu'on veut, et donc finalement à procrastiner sur un temps défini : une vraie libération ! En écrivant ce chapitre avec la méthode Pomodoro, on a remarqué que notre attention et notre concentration s'étaient décuplées : un must pour les free-lance qui ont du mal à se cadrer et à s'autodiscipliner !

Et vous ? Notez ici vos impressions après avoir testé la méthode...

Qu'avez-vous pu accomplir pendant ces 25 minutes ? (Ou plus, si vous avez fait plusieurs Pomodori à la suite.)

....

....

Est-ce que le challenge vous a motivée ?.. Oui ❑ Non ❑
Partante pour un nouveau Pomodoro ? .... Oui ❑ Non ❑

Le conseil plein de bon sens

« Mangez une grenouille vivante chaque matin »

Enfin, si vous ne deviez garder qu'un conseil pour combattre la procrastination, ce serait celui-ci : « Mangez une grenouille vivante chaque matin ! » Oui, oui, vous avez bien lu ! Et, non, rassurez-vous, ce conseil plein de bon sens (caché) n'est pas à prendre au pied de la lettre (ouf). Il est tiré d'une citation du célèbre écrivain Mark Twain : « Si la première chose que vous faites en vous levant le matin, c'est de manger une grenouille vivante, vous savez que rien de pire ne pourra vous arriver dans la journée. »

En clair ?

Débarrassez-vous toujours en premier de la pire corvée que vous ayez à accomplir parce que :

1. Comme ça, c'est fait !
2. C'est fou comme les autres tâches paraissent sympas et légères à côté !
3. Après, non seulement vous vous sentirez fière, mais surtout beaucoup plus libre de vous détendre sans culpabiliser.

Chapitre 3

Mieux que la routine, les rituels !

Pour changer votre vie, commencez par changer vos journées ! Et pour changer vos journées ? Organisez vos matinées et vos soirées ! C'est le secret des rituels du matin et du soir. De prime abord, les rituels peuvent paraître barbants. Quoi, faire tous les matins ou tous les soirs la même chose ? Au secours ! Pourtant les rituels sont le meilleur rempart contre la routine ! Pourquoi ? Car grâce à eux on reprend le pouvoir sur notre journée et donc, sur notre vie. Ils permettent de nous sentir, au choix (ou tout en même temps !) : mieux dans notre peau, plus productive, plus zen, plus épanouie, plus relaxée, plus concentrée, plus motivée, plus reboostée, plus positive et surtout… mieux organisée !

La bonne raison de passer aux rituels ?

Être enfin proactive et non plus réactive. On a vite fait d'être passive dès le matin et de se laisser porter par les événements tout au long de la journée.
La sonnerie vous réveille en sursaut, les news du matin sont hyper anxiogènes et votre scroll matinal sur Instagram vous met déjà de mauvais poil (« Argh pourquoi je ne suis pas en train de me réveiller dans un hôtel à Bali avec piscine à débordement moi, hein ? »)…
Et hop ! à peine levée, vous n'êtes déjà plus maître de vos émotions. Le rituel matinal peut changer la donne et booster votre « empowerment ». Vous ne pouvez pas forcément maîtriser ce qu'il va se passer dans la journée, mais vous pouvez décider de comment la commencer. Créez votre flow au lieu de vous laisser emporter par le courant, c'est là la meilleure façon de vous organiser et d'atteindre vos objectifs sans stress !
Et, bonus, c'est un super booster de confiance en soi et de motivation de se dire qu'avant même de sortir de la maison, on a déjà accompli ce qui nous tenait à cœur. Vous pouvez aussi inclure toutes vos nouvelles habitudes de super organisée (journaling, to-do list…) dans ces rituels.
Il y a plusieurs façons d'utiliser ce temps pour soi : développement personnel, productivité, cocooning… mais, attention, ce n'est pas une compétition ! Le piège ? Copier les « routines »

des blogueuses ou des copines. L'important, c'est que ce rituel vous ressemble et fasse sens pour vous : si l'idée de boire un jus de citron à jeun chaque matin vous saoule d'avance, zappez-le, vous seule savez ce qui est bon pour vous… mais on vous a concocté quelques idées pour vous inspirer au cas où !

Mon rituel du matin

Bye bye, matins chafouins… Hello, matins plein d'entrain !

Quèsaco ?

Sans le savoir, vous avez déjà une « routine » du matin. Peut-être que : vous vous levez (à la dernière minute), vous regardez votre téléphone (encore en mode zombie), vous vous brossez les dents (on espère !), vous vous douchez (si vous êtes de la team matin), vous vous habillez (avec ce que vous avez sous la main), vous petit-déjeunez (sur le pouce), vous faites votre lit (à l'arrache), vous cherchez vos clés, et hop ! vous commencez votre journée déjà stressée ou en traînant la patte. Fun ? Pas vraiment ! Pourquoi ? Parce que vous êtes en mode robot. Vous n'avez jamais vraiment réfléchi à votre matinée : vous enchaînez depuis toujours les mêmes gestes répétitifs indispensables et pas forcément épanouissants. Résultat : vous ne commencez pas votre journée en conscience. Pourtant, ce que vous faites le matin donne le ton de votre journée. Et, avouez, un mode robot routinier n'est pas la façon la plus enthousiasmante de l'entamer. En vous concoctant un rituel matinal sur mesure, vous reprenez le pouvoir sur votre matinée, et par ricochet sur toute votre journée. Avec, à la clé, la possibilité de booster votre potentiel… et surtout, plus de chance de passer une journée bien organisée !

Avant de commencer

Votre rituel du matin commence quand votre réveil sonne jusqu'au moment où vous vous mettez au travail. Il peut durer 30 minutes, 2 heures, 15 minutes… à vous de voir mais on vous conseille de commencer « léger » pour vous habituer. Avant de vous concocter un rituel personnalisé aux petits oignons, interrogez-vous d'abord sur ce qui vous pousse à vous lancer : c'est indispensable ! Sinon, si votre objectif n'est pas clair, il y a des chances que vous ne teniez pas sur la durée. On ne se lève pas 30 minutes plus tôt sans une bonne raison : quelle est la vôtre ? Un indice : « pour suivre la tendance » ou « pour faire comme ma copine Laura » n'est pas une réponse adéquate !

→ Astuce : ne rognez pas sur votre temps de sommeil : si vous vous levez 20 minutes plus tôt pour votre rituel matinal, faites en sorte de vous coucher 20 minutes plus tôt.

En décidant de me lever plus tôt le matin, j'aspire à...

Cochez la ou les propositions (pas plus de trois) qui vous conviennent :

- ❑ Être plus relaxée, plus zen.
- ❑ Atteindre un objectif particulier (exemple : perdre du poids, lancer mon blog, développer une compétence, faire un trail...).
- ❑ Être plus motivée, enthousiaste.
- ❑ Être plus concentrée, productive.
- ❑ Être plus en forme physiquement.
- ❑ Ne plus voir le temps filer, ne plus subir ma journée.
- ❑ Prendre du temps pour moi.
- ❑ Me stimuler intellectuellement.

Autre : ____________

→ Parfait ! Maintenant vous savez exactement pourquoi vous voulez vous lancer dans l'aventure du rituel matinal. Vous pouvez passer à la prochaine étape : faire le bilan de vos matinées.

Je fais le point sur mes matinées

→ Repérez vos mauvaises habitudes, celles que vous souhaitez changer et les habitudes indispensables à ne pas zapper.

→ **Si vous en avez trop, faites un choix,** priorisez et estimez combien de temps vous pouvez consacrer à ces activités (ça peut être juste 5 minutes pour chacune pour commencer). Avant de vous concocter votre propre rituel du matin, il est important de déterminer vos priorités, car même en vous levant à 5 h 30, vous n'aurez pas le temps de TOUT faire. Et vous risqueriez d'y être encore à midi !

→ **À noter :** vos priorités peuvent aussi changer la semaine et le week-end.

Notez ici votre routine du matin actuelle (ce que vous faites déjà, chaque matin, sans vous en rendre compte)

- Me brosser les dents...
- Appuyer sur le bouton snooze
- ....
- ....
- ....

Notez ici ce que vous rêveriez de faire si vous aviez plus de temps pour vous chaque matin.

Ne vous censurez pas, notez tout ce qui vous passe par la tête !

- Du sport
- De la méditation
- ....
- ....
- ....

Et voilà, vous avez déjà une bonne idée de ce que pourrait être votre rituel matinal sympa. C'est encore un peu confus ? C'est vrai, tout ça ne vous dit pas comment vous allez passer du mode « pilotage automatique » à « je suis la reine du Miracle Morning ». Pas de panique : on ne se lève pas comme ça à l'aube du jour au lendemain en chantant avec les mésanges telle la Cendrillon de Disney ! Ça demande de la motivation, de la persévérance, quelques techniques et une bonne dose d'inspiration…

La tendance du Miracle Morning

Quèsaco ?

Le Miracle Morning est une méthode de développement personnel inventée par un Américain, Hal Elrod. Elle est destinée à développer son plein potentiel simplement en choisissant (avec méthode) les activités à pratiquer chaque matin pour « dédier un moment à la personne que vous souhaitez devenir ». On savait que l'avenir appartenait à ceux qui se lèvent tôt mais, là, c'est carrément la promesse de la vie de nos rêves qui nous tendrait les bras, simplement en programmant chaque jour notre réveil matinal à… 5 h 30 (oups !).

Ce qu'on en retient

Le Miracle Morning est riche en enseignements. On retiendra ici surtout les « Life S.A.V.E.R.S », qui sont une bonne source d'inspiration pour trouver les activités enrichissantes et productives à pratiquer lors de notre rituel matinal. Ces « S.A.V.E.R.S » correspondent aux initiales de techniques de développement personnel éprouvées à inclure dans votre rituel matinal.

- **S pour Silence.** Avec des pratiques telles que la méditation, la prière, la réflexion, la respiration, la gratitude… Le but ? Moins de stress, plus de concentration et le fait de se reconnecter en conscience à soi-même.
- **A pour Affirmations.** On affirme tout haut des phrases qui nous boostent pour devenir enfin la personne qu'on veut être ou accepter celle qu'on est déjà.

Exemple : « J'ai confiance en moi et en mes capacités », « Je mérite de réussir ce que j'entreprends », « Je me donne les moyens de réaliser mes rêves. »

Vous pouvez les écrire, mais c'est encore mieux de les énoncer à voix haute, pourquoi pas le poing levé ou les mains sur les hanches ? Vous

pouvez même les crier ou les danser (à cette heure matinale, les voisins vont être contents !). L'idée ? Vous reprenez le contrôle sur vos pensées qui influencent grandement votre subconscient et vos capacités à réussir. À la clé ? Plus de confiance et de motivation.

- **V pour Visualisation.** L'idée ? Fermer les yeux et se visualiser en train d'accomplir tous ses objectifs. Le but ? Avoir une vision claire de ce qu'on veut devenir et de ce qu'on doit faire pour l'obtenir. Pendant la visualisation, on ne se censure pas, tout est permis mais on se projette positivement dans l'avenir.
- **E pour Exercice.** Les bénéfices du sport ne sont plus à prouver. Faire de l'exercice physique chaque matin booste non seulement votre forme physique mais aussi votre clarté mentale. Choisissez celui qui vous procure le plus de plaisir.
- **R pour *Reading* (Lecture).** Hal Elrod conseille de lire chaque matin 10 pages d'un livre de business ou de développement personnel. Le but ? Monter en compétence, enrichir nos connaissances et apprendre chaque matin des meilleurs experts.
- **S pour *Scribing* (Écriture).** L'idée est de tenir un journal et de faire une liste de « gratitude », c'est-à-dire noter tout ce dont on est reconnaissant, toutes les leçons qu'on a apprises et qui nous ont fait grandir, les bons moments vécus… Le but ? Pouvoir le relire à la fin de l'année, voir tout ce qu'on a accompli et mesurer le chemin parcouru.

Comment s'approprier le Miracle Morning ?

Comme souvent pour les méthodes américaines, elles sont très pragmatiques et très marketées : cet aspect peut paraître rebutant pour celles qui détestent suivre les règles à la lettre. Ce « bootcamp » du développement personnel matinal peut vite décourager les moins disciplinées d'entre nous. La bonne nouvelle ? Vous n'avez pas à suivre pas à pas le rituel de Hal Elrod s'il ne vous convient pas : vous pouvez juste vous en inspirer pour créer le vôtre avec bienveillance. Et si vous décidez de le suivre à la lettre car vous aimez être cadrée par une méthode : pourquoi pas ! Mais n'oubliez pas : le challenge c'est sympa, sans se mettre trop la pression.

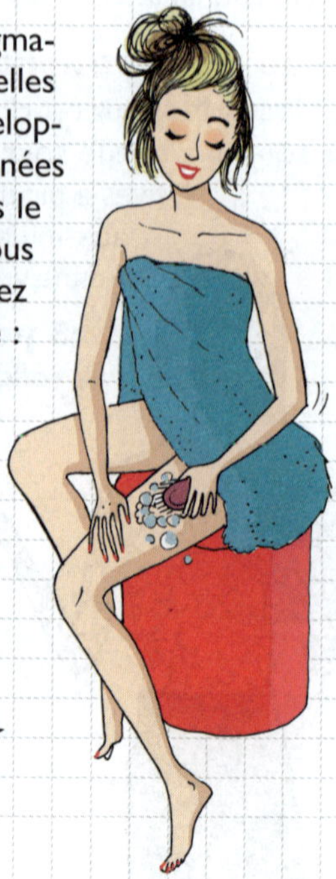

3 choses à bannir le matin

1. « You snooze, you loose ! » Repousser votre réveil toutes les 5, 10 minutes pour avoir l'illusion de grappiller un peu de temps de sommeil est la pire façon de commencer sa journée : stress + culpabilité garantis : c'est l'idéal si vous avez décidé de vous lever d'humeur ronchon.
2. Regarder son téléphone avant son rituel matinal, sous peine de se faire happer par des news anxiogènes, des e-mails chronophages ou des réseaux sociaux hypnotisants.
3. Râler. Si vous commencez la journée en vous plaignant ou en soupirant : le ton de votre journée est donné. Commencez par vous sourire dans la glace : vous reprendrez *illico* du poil de la bête !

Quelques exemples de rituels du matin

Nous n'avons pas toutes les mêmes buts, les mêmes aspirations… ces rituels sont surtout des inspirations pour créer le vôtre. On vous a concocté trois rituels matinaux de 30 minutes pour commencer. Vous pouvez les tester tels quels ou les mixer à votre guise. Top chrono ? C'est parti !

Mon rituel boost

Objectif : sortir de la torpeur de la nuit et redonner un bon coup de fouet à son esprit en s'occupant de son corps.

- Un splash d'eau froide sur le visage pour se donner un coup de fouet : 1 minute.
- Se laver les dents, sans oublier de se gratter la langue : 2 minutes.
- Du sport intense pendant 7 minutes pour se défouler (par exemple, avec l'appli 7 Minutes Workout).
- Se faire un brossage à sec avec une brosse adaptée (mieux que le café pour réveiller l'organisme !) : 5 minutes.
- Prendre une douche à l'écossaise revigorante (avec jet d'eau froide à la fin et gel douche à l'odeur qui booste : menthe, agrumes…) : 5 minutes (c'est court, mais c'est bon pour la planète !).
- Avaler un petit déj' plein d'énergie : une simple salade de fruits (exemple : rondelles de banane, dés de kiwi et myrtilles) en plus de vos tartines ou céréales habituelles peut suffire. Pas besoin de passer des heures à réaliser le parfait energy breakfast pour Instagram ! 10 minutes.

Mon rituel mooc

Objectif : une productivité au top pour démarrer la journée bien organisée mais aussi monter en compétences et rebooster sa motivation et sa concentration.

- Écouter un podcast ou une conférence TEDx en se préparant (sous la douche, en s'habillant, en se maquillant ou en se brossant les dents) : 10 minutes.
- Lire 10 pages d'un livre qui peut nous aider à atteindre nos objectifs personnels ou professionnels : 10 minutes.
- Noter, prioriser et minuter les trois tâches les plus importantes de la journée et/ou jeter un coup d'œil à son Bullet Journal® pour avoir une idée précise de la journée à venir : 10 minutes.

Mon rituel zen

Objectif : développer sa créativité ou son espace intérieur et positiver en commençant la journée avec moins de stress et plus de douceur.

- Prendre le temps de s'étirer comme un chat avant même de sortir du lit : 3 minutes.
- Se brosser les dents : 2 minutes.
- Prendre l'air en ouvrant votre fenêtre et en respirant à plein poumons ou, si vous êtes chanceuse, en contemplant la nature depuis votre jardin ou votre balcon : 5 minutes.
- Faire trois enchaînements de yoga appelés « la Salutation au soleil » : 15 minutes.
- Rédiger une liste de gratitude : écrivez trois choses pour lesquelles vous êtes reconnaissante aujourd'hui dans votre vie. 5 minutes.

Je dors trop, pas assez ou mal ?
Qu'on soit marmotte ou hibou, pas facile de changer ses habitudes de sommeil, c'est pourtant la base pour mettre en place des rituels efficaces sur la durée. La solution ? Respecter ses cycles de sommeil. L'idéal ? Se lever et se coucher toujours à la même heure (week-end compris) – hum… pas simple, on le sait, mais c'est pourtant ce que réclame notre horloge biologique ! Une autre solution serait de pouvoir adapter notre réveil automatiquement à nos cycles de sommeil. Bonne nouvelle : des réveils spéciaux ou des applis type Sleep Cycle, peuvent vous y aider : fini, le réveil en sursaut ! Et n'oubliez pas : dormez au frais, pas de café, pas trop d'alcool, pas d'exercice le soir et plus d'écrans juste avant de dormir !

Mon rituel du soir

L'avenir appartient à celles… qui se couchent bien préparées pour le lendemain !

Quèsaco ?

Le rituel du soir, c'est ce que vous faites entre le moment où vous arrivez à la maison et le moment où vous vous couchez. Il permet de clôturer la journée l'esprit tranquille et de passer une bonne nuit en laissant derrière soi le stress accumulé, tout en préparant au mieux le lendemain matin.

Pourquoi un rituel de fin de journée ?

Il est aussi important, voire plus que celui du matin. Pourquoi ? Il détermine le succès de votre « morning routine » et permet aussi de dormir sur ses deux oreilles : eh oui, plus on procrastine et plus on risque de cogiter dans son lit et de passer une mauvaise nuit.

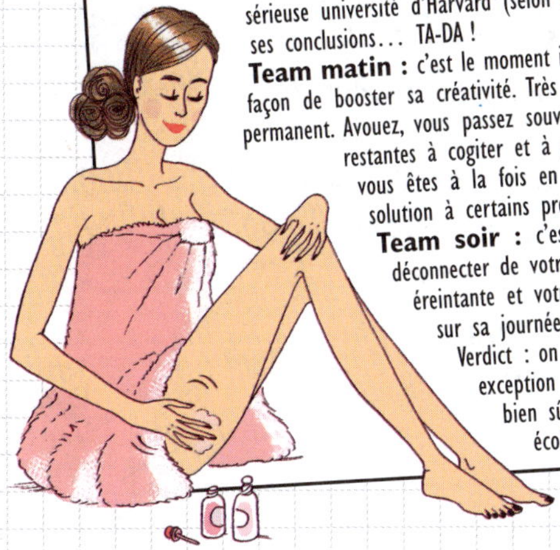

À la douche ! Team matin ou team soir ?

Prendre sa douche le soir pour gagner du temps sur notre rituel du matin, c'est une bonne idée ? La très sérieuse université d'Harvard (selon Shelley Carson, professeur de psychologie) s'est penchée sur la question. Voici ses conclusions… TA-DA !

Team matin : c'est le moment idéal si vous avez tendance à être stressée par le boulot. C'est aussi la meilleure façon de booster sa créativité. Très utile pour les métiers ou activités créatifs qui nécessitent un brainstorming permanent. Avouez, vous passez souvent 2 minutes max sous la douche à vraiment vous laver et les 8 minutes restantes à cogiter et à penser à votre journée, non ? La douche du matin est ce moment parfait où vous êtes à la fois en état d'alerte et détendue : c'est souvent là qu'on trouve inconsciemment la solution à certains problèmes qui tournent en boucle dans notre tête.

Team soir : c'est le bon moment si vous avez tendance à mal dormir et à ne pas bien déconnecter de votre journée bien remplie. C'est le sas de déconnexion parfait entre votre journée éreintante et votre rituel du soir relaxant. La douche du soir aide à prendre un peu de recul sur sa journée, à réduire le stress et à réguler la température du corps pour mieux dormir.

Verdict : on alterne selon ses besoins, son humeur et ses envies : pas de pression ! Seule exception : si vous avez calé du sport dans votre rituel matinal : team matin obligatoire, bien sûr ! NB : vous avez aussi le droit de faire les deux, mais ce n'est pas du tout écolo, ni bon pour votre peau.

Avant de commencer

Notez ici toutes les choses que vous faites déjà le soir avant de vous coucher :

- ....
- ....
- ....
- ....

→ Gardez celles qui vous paraissent importantes (et bienfaisantes !) et identifiez les mauvaises habitudes.

Notez ensuite ce que vous aimeriez avoir fait avant de vous coucher :

- ....
- ....
- ....
- ....

Pas d'inspiration ? Cochez parmi ces propositions celles qui vous conviennent le mieux pour vous concocter votre rituel du soir sur mesure :

- ❑ Faire une détox digitale (mettre son téléphone en mode avion, éteindre les écrans un moment avant de dormir…).
- ❑ Remplir mon cahier de gratitude ou noter mes trois « kifs de la journée ».
- ❑ Me concocter une routine beauté cocooning (prendre soin de moi).
- ❑ Lire 10 pages d'un roman.
- ❑ Allumer des bougies pour me mettre en mode hygge.
- ❑ Enfiler une tenue confortable une fois à la maison.
- ❑ Prendre un bain.
- ❑ Méditer.
- ❑ Préparer ma tenue pour le lendemain.
- ❑ To-do list : noter les trois choses les plus importantes à faire le lendemain.
- ❑ Changer l'alarme de mon réveil pour donner une tonalité plus sympa à la matinée à venir (oiseaux qui gazouillent, musique qui booste, réveil luminothérapie…).
- ❑ Préparer mon petit déj' à l'avance.
- ❑ Regarder une série.

Autre : ……………………………………………………………………………

Attention ! la routine du soir est beaucoup plus aléatoire que celle du matin et parfois plus dure à tenir. Pourquoi ? Parce que, contrairement au matin, on ne maîtrise pas tout, à commencer par l'heure à laquelle on rentre à la maison, qui peut varier. Notre état de fatigue et de flemme peut aussi être décuplé par les aléas de la journée. Une copine peut nous appeler à la dernière minute pour un ciné, on peut finir le boulot plus tard et être totalement démotivée… D'où l'idée de ne pas trop la surcharger ni la minuter au cordeau comme celle du matin.

24 heures de la vie d'une fille super organisée

À seulement 25 ans, Laura est auteure, conférencière, blogueuse, créatrice de formations en ligne, consultante en communication Web et chroniqueuse sur France 3. Bref, c'est l'archétype de la « slasheuse » multitask super busy, mais hyper organisée ! Son secret ? Un rituel matinal de compèt' et une routine du soir bien pensée pour décompresser. Elle partage avec nous sa journée bien remplie et super organisée. Vous êtes prêtes ? Inspiration !

Un rituel matinal qui commence à 5 h 30

« J'ai commencé à faire un rituel matinal en mars 2015. J'en avais assez de me lever après avoir snoozé cinq fois et d'être directement dans le stress de la journée. Je voulais pouvoir prendre du temps pour moi (pour lire, faire du sport, organiser ma journée…) et prendre un peu de recul sur mon quotidien.

- Je me lève à 5 h 30 et je file dans la salle de bains me brosser les dents et me mettre un peu d'eau sur le visage, pour complètement me réveiller. Puis je fais mon lit (ce qui élimine au passage l'envie de m'y remettre !).
- Ensuite, j'écris quelques lignes dans mon journal de bord (sur l'application Day One) : souvent sur ce qu'il s'est passé la veille, j'ajoute éventuellement une photo pour illustrer la journée.
- Parfois je réponds à une série de questions qui m'aident à prendre du recul sur mon quotidien et à vérifier que je suis en accord avec mes priorités : "Ai-je pris soin de ma famille et de mes amis ?", "Qu'est-ce que j'ai appris ?", "Comment pourrais-je faire qu'aujourd'hui soit meilleur ?", "De quoi suis-je reconnaissante ?"

Tout cela me prend entre 5 et 10 minutes.

- J'organise ma journée. Je définis la liste des choses à faire, mais pas seulement. Je fais deux choses en plus qui font toute la différence pour moi. Plutôt que de créer une liste gigantesque dont je ne viendrai jamais à bout et qui me laissera frustrée en fin de journée, une fois que j'ai fait ma to-do list, je la minute : j'estime le temps que chaque tâche devrait prendre pour être réalisée (comme ça je vois si la to-do list est réaliste ou non) et je la priorise : je numérote les tâches de la plus importante à la moins importante. Ça me permet d'attaquer la journée en commençant par l'essentiel.
- Je lis. Le matin, je lis uniquement des livres qui vont me permettre de m'améliorer personnellement ou professionnellement, pas de fiction. Ça m'aide à me remettre en question et à progresser de façon régulière.

J'ai adoré par exemple *L'art d'aller à l'essentiel* de Leo Babauta, *100 € pour lancer son business*, de Chris Guillebeau et *La Semaine de 4 heures*, de Tim Ferriss.

- Je médite. Selon le temps disponible, je médite entre 5 et 20 minutes. Je me sers de l'application Petit Bambou, qui est top, pour me guider dans ma méditation et savoir exactement comment m'y prendre. La méditation m'aide à être plus sereine, à mieux maîtriser mon train de pensée et à être plus concentrée. En fait, c'est un peu comme si je musclais mon attention.
- Enfin, je fais du sport. Selon les jours, soit je vais dans une salle de sport, soit je fais quelques exercices chez moi. Ça me donne un bon coup de fouet, me permet de me défouler et d'entretenir ma forme physique.

→ J'y passe entre 10 minutes et 1 h 30 chaque matin.

- À moins d'avoir prévu une grosse séance de sport, je ne mange qu'après avoir fait tout ça, je me prépare et j'attaque la journée de travail dans de super conditions ! »

Une routine du soir minimaliste pour déconnecter

« Le soir, la plupart des actions que j'effectue sont là pour m'aider à déconnecter du travail et à préparer une bonne nuit de sommeil.

- J'ai programmé mon portable pour qu'il passe automatiquement en mode nuit, c'est-à-dire que l'écran devient légèrement orangé, la lumière est moins agressive et cela diminue l'impact de la lumière bleue qui provient des écrans et perturbe le sommeil en faisant croire à notre cerveau qu'il fait encore jour. Pareil pour mon ordinateur, j'y ai installé F. lux, une app gratuite qui fait la même chose. Ça fait une sacrée différence !
- Quand je me couche, je mets mon smartphone en mode avion (pour qu'il ne me perturbe pas durant la nuit).
- Je lis ensuite quelques pages d'un livre, de fiction cette fois, pour m'aider à déconnecter et faciliter l'endormissement.
- Si jamais je sens que je vais avoir du mal à m'endormir, je lance une courte séance de méditation pour m'aider. »

Pour aller plus loin…
Formation en ligne pour créer et perfectionner son rituel matinal : www.lauramabille.fr.

Chapitre 4

L'organisation de mon sweet home

Vous n'aimez pas ranger, « nettoyer, balayer, astiquer » ? Pourtant, vous aimeriez bien vivre dans votre home sweet home, tout pimpant sentant bon le linge qui claque au vent ! Bref, vous voulez la belle vie, mais sans les contraintes qui vont avec. Oubliez l'effet Mary Poppins qui vous trotte dans la tête depuis vos 10 ans : non, vous ne pourrez jamais ranger votre appart en claquant des doigts. La troupe de valets de pied et femmes de chambre de *Downton Abbey* n'est pas non plus une option : elle a rendu son tablier, il va donc falloir vous y coller (de toute façon, vous n'aviez pas les moyens de Lady Mary). Breaking news : fuir les contraintes ne les fera pas disparaître par magie. Une vie sans contraintes, ce n'est pas une vraie vie (d'adulte). Mais ce n'est pas une raison pour renâcler et traîner la patte : il vous suffit de l'accepter et de vous… organiser ! Bonne nouvelle, la vraie vie ne consiste pas non plus à passer ses week-ends à jouer les lavandières. Il existe des astuces pour profiter de la vie sans être esclave de ses corvées. Il suffit de changer ses habitudes et de se créer des automatismes pour éviter de devoir choisir entre un appart propre et rangé et une vie sociale trépidante. Prête ? On vous livre ici les meilleurs tips pour un appart super organisé.

Je change mes corvées en habitudes

Le secret pour s'y mettre et surtout s'y tenir ? Plus la gestion de la maison sera ancrée dans vos habitudes, plus elle passera inaperçue et moins vous aurez l'impression qu'il s'agit d'une corvée. Quelques pistes pour enclencher ce cercle vertueux.

Je fais le point sur mes (mauvaises) habitudes

Cochez les phrases dans lesquelles vous vous reconnaissez…

- ❑ Je range seulement pour pouvoir procrastiner par rapport à quelque chose de plus important.
- ❑ Le soir, avant de me coucher, je laisse mes vêtements de la journée en boule au pied du lit.
- ❑ Il y a toujours au moins une paire de chaussures qui traîne dans mon salon.
- ❑ Je laisse la vaisselle s'accumuler.
- ❑ Je range et je nettoie à fond… surtout avant que mes invités ne débarquent à la maison.
- ❑ Je rattrape toujours mon retard de ménage le week-end alors que j'aimerais faire autre chose.

À vous de continuer l'inventaire des mauvaises habitudes qui contribuent à encombrer votre appart…

- ……………………………………
- ……………………………………
- ……………………………………
- ……………………………………

J'automatise

Autant il serait franchement triste de passer à côté de votre vie en faisant les choses en mode robot, autant pour les corvées, promis, on ne va pas vous demander de les faire en conscience ! Le but ? Vous en débarrasser au plus vite, mais le mieux possible. Pour ce faire, il faut réussir à intégrer ces différentes tâches (ménage, rangement…) l'air de rien dans votre emploi du temps.

L'idée ? Mieux vaut faire 5-10 minutes de rangement et/ou ménage chaque jour (sans exception) que de devoir vous lancer dans des heures de tri et de décapage intensif une fois par mois qui vous rebuteront pour les mois à venir. Ce serait aussi dommage de dédier vos week-ends à récurer votre appart alors que vous pourriez être en train de bruncher ou de courir, ce qui, on l'avoue, serait bien plus fun.

Le secret des filles super organisées et pas blasées par les corvées ?

Faire tout au fur et à mesure, dès que c'est possible !
Vous avez fini de manger ? Faites la vaisselle ! Votre panier de linge sale est plein ? Lancez une lessive ! La lessive est terminée ? Étendez-la ! Vous avez mis un peu de confiture sur la table de la cuisine ? Passez un coup d'éponge avant que la tache ne s'incruste et que vous passiez plus tard deux fois plus de temps à la désincruster.
Et ainsi de suite…
La tâche n'a pu être effectuée sur le moment ? Attribuez-lui un créneau dans votre emploi du temps de la semaine ou glissez-la entre deux autres choses (pro ou fun) à faire.

Exemple : si vous avez adopté la méthode Pomodoro pour être plus productive (voir p. 31), pourquoi ne pas profiter de vos 5 minutes de pause entre deux Pomodori pour accomplir une petite tâche vite fait ? Par exemple, ranger la paire de chaussures qui traîne au milieu du salon dans le placard, passer rapidement un coup de chiffon sur l'écran poussiéreux de l'ordi, arroser votre plante verte assoiffée… Il y a même des chances que ça ne vous prenne que 25 secondes sur vos 5 minutes de pause.

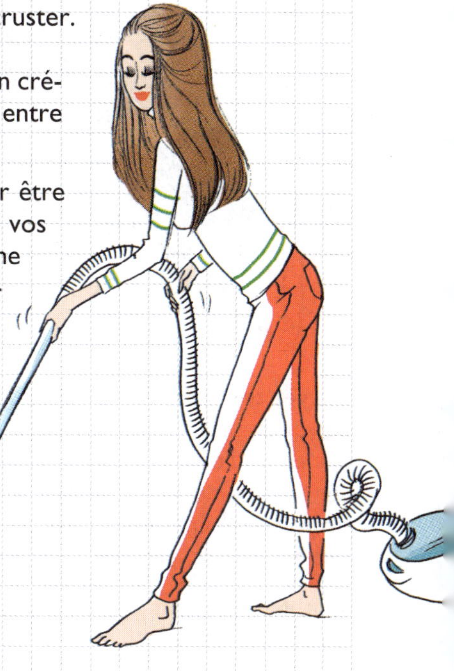

Astuce : impossible de tout ranger au fur et à mesure à sa place ? Commencez petit, investissez dans un joli panier thaïlandais très tendance et prenez l'habitude, chaque soir, de faire un tour rapide de l'appart (pas plus de 5 minutes) et d'y mettre vite fait tout ce qui traîne. Ok, ça ne fait que repousser le « vrai » rangement, mais au moins, l'impression de désordre est estompée.

Je visualise le sens de ces tâches rebarbatives

Comprendre pourquoi vous faites une tâche, c'est la clé ! Il est loin le temps (ou il devrait !) où ranger vos affaires était synonyme de punition. Pour vous motiver, pensez toujours au résultat final : « Comment je me sentirai une fois l'appart tout rangé ? » Visualisez votre tranquillité d'esprit dans un appart fleurant bon la brise marine et votre satisfaction une fois le linge étendu. Ne vous focalisez pas sur le côté pénible, mais sur la joie et la fierté que vous procurera le résultat.

Je change de point de vue

Toujours pas motivée ? Ce qui vous rebute sûrement, c'est le côté rébarbatif de la chose. Vous vous ennuyez et vous avez l'impression de perdre votre temps ? Transformez votre corvée en un challenge, un moment fun, utile ou méditatif.

Exemple : l'épluchage de patates devient une séance de méditation (ne faites rien d'autre et laissez venir vos pensées, tout en gardant un œil sur le couteau hein !) ; l'aspirateur devient une séance de sport (contractez vos abdos) et la vaisselle aussi (serrez les fesses !). Vous pouvez aussi vous lancer un défi : « Je nettoie l'évier en moins de 5 minutes top chrono » (c'est parti !), etc.

Je priorise et j'élimine certaines tâches

Si, en toute franchise, vous ne voyez toujours pas l'intérêt d'une tâche à accomplir : c'est qu'il est peut-être possible de la zapper (yeah !). Le bon exemple ? Le repassage ! À moins de devoir porter un chemisier amidonné sous un tailleur strict tous les jours au bureau ou de collectionner les blouses en soie délicates, vous pouvez tout à fait vivre sans repasser. Comment ? Quand vous faites une lessive, n'attendez pas pour sortir votre linge de la machine et étendez-le tout de suite. Si vous ne le laissez pas en boule et le secouez direct d'un coup sec avant de l'étendre, vous pourrez le défroisser sans peine. Vous pouvez aussi privilégier les matières qui ne se froissent pas, comme le polyester, l'acrylique… Bref, vous pouvez toujours trouver des astuces pour contourner les obstacles mais, attention, vivre toute froissée ou déléguer au pressing : c'est de la triche !

Impossible de zapper d'autres tâches ? Priorisez-les !

Comme pour votre to-do list, il est préférable de prioriser, et si possible minuter, vos tâches. Comment ? En commençant toujours par la plus pénible ! Eh oui, vous vous souvenez de « la grenouille vivante à manger chaque matin » (voir p. 33) ? On applique aussi ici ce principe au risque de toujours repousser aux calendes grecques la corvée la plus rébarbative ! (Tiens, au fait, ça fait combien de temps que vous n'avez pas changé les draps ?)

Les corvées sont très liées à la procrastination

Si certaines les repoussent sans cesse, d'autres se jettent dessus pour procrastiner d'autres tâches ! Remettons-les une bonne fois pour toutes à leur juste place : simplement un automatisme utile et indispensable qui ne devrait pas nous prendre trop de temps chaque jour.

Programme : opération rangement !

Rien de tel que désencombrer votre appart pour vous alléger l'esprit ! On vous explique par où commencer et comment procéder.

Avant de commencer : quel est le but de ce tri ?

Il est important que vous preniez quelques secondes pour vous poser la question. Vous ne procéderez pas de la même façon si votre but est de changer de vie pour tendre au minimalisme, de faire un inventaire, de changer la déco, ou juste de vider l'appart des choses inutiles qui vous encombrent.

J'ai besoin de faire un grand tri dans mon appart car :

- ....
- ....
- ....

Gare à la nostalgie et à la culpabilité !

Avant de vous armer de vos cartons ou boîtes « à garder, à vendre, à donner, à jeter », prenez conscience que le rangement, surtout ce grand tri en amont, c'est une suite de décisions à prendre. Alors, la nostalgie et la culpabilité peuvent parasiter cette prise de décisions. Ne les écoutez pas : elles sont de très mauvaises conseillères. Pas de pitié pour le surplus !

Astuce : vraiment trop dur de vous y mettre ? Mettez tout ce que vous n'arrivez pas à jeter dans une boîte « stand by » et si vous n'avez pas eu l'idée d'y jeter un œil avant le prochain tri ou avant un an révolu, jetez-la sans regret (sans la regarder à nouveau) ! Et puis, franchement, vous pensez vraiment que vos parents vont venir vérifier lors de leur prochaine visite que vous avez bien gardé la carte postale de leurs vacances à Palavas-les-Flots en 2007 ? Si c'est le cas et qu'ils vous le reprochent : posez-vous des questions (sur eux, pas sur vous !)...

Liste (non exhaustive) des choses que vous vous sentez obligée de garder (alors que bon…) :

- ❑ Cartes postales et d'anniversaire de papa, maman, papy, mamie, marraine…
- ❑ Votre agenda de 3e B où votre BFF vous glissait des petits mots doux et drôles (à l'époque !).
- ❑ Les cadeaux ratés (qui prennent la poussière, encore du ménage en plus !).
- ❑ Les souvenirs de voyage miteux (oui, vous avez le droit de vous débarrasser de ces babouches marocaines que vous n'avez jamais mises car elles empestent la biquette !).
- ❑ Les Post-it ou lettres de vos ex ou même de votre actuel (pas de nostalgie, on a dit !).
- ❑ La boîte à souvenirs (qui pourrait être renommée boîte à bidules douteux : voulez-vous vraiment garder ce porte-clés queue de castor ou ce classeur Hello Kitty ? Vraiment ?).

À vous de continuer la liste si besoin… Ne vous censurez pas !

- ……………………………………
- ……………………………………
- ……………………………………
- ……………………………………
- ……………………………………

J'organise un grand tri par zone

Vous n'aurez jamais le temps de ranger TOUT votre appart en un après-midi : procédez par zone. Si vous êtes très motivée, commencez par le plus rébarbatif (les papiers, les médicaments ?), mais si vous avez la flemme, commencez par la zone la plus fun, comme vos produits de beauté, votre penderie… Pourquoi plus fun ? Car plus qu'un simple rangement, vous pourrez alors faire un véritable audit de vos possessions : jouissif ! Après avoir réuni vos cinq gels douche, trois mascaras, six shampooings et quatre blushs rose-orangé, vous aurez l'impression assez agréable d'avoir fait une virée shopping chez Sephora à moindres frais (chouette, vous aviez oublié que vous aviez un khôl turquoise !).

→ Quelle zone souhaitez-vous trier en premier ?

Classez-les par ordre de priorité…

- **Les livres** : ne garder que ceux qu'on a aimés ou éventuellement ceux qui font joli sur l'étagère.
- **Les vêtements** : les tachés, troués, abîmés vont d'office dans le bac à jeter (même s'ils ont une valeur sentimentale), ceux en bon état mais pas mis ou trop petits sont à donner ou à vendre.
- **Les produits de beauté** : attention aux dates de péremption !

Si vous avez tendance à surconsommer ou collectionner les produits de beauté, regroupez-les par famille et notez quelque part (pourquoi pas dans votre Bullet Journal®) ce que vous n'avez plus le droit d'acheter avant de les avoir terminés (exemple : – interdiction d'acheter une nouvelle crème de jour avant que les quatre déjà entamées soient finies) : vous ferez des économies !

- **Les médicaments** : attention ici aussi aux dates de péremption. Ne gardez pas non plus les médicaments sur ordonnance qu'il serait dangereux d'utiliser en automédication. Ne les jetez pas (ça pollue !), mais mettez-les dans un sac pour les rapporter à la pharmacie (ils seront recyclés).
- **Les papiers** : ayez toujours à portée de main un petit trieur sur votre bureau, que vous rangez au fur et à mesure. Et ne vous embêtez pas à tout garder indéfiniment (tous les ans faites le point).
- **Tout le reste** : c'est-à-dire le divers, le surplus, potentiellement inutile et à haute valeur sentimentale.

Et maintenant que j'ai tout trié, je fais quoi ?

→ **Fun : j'organise une distrib' party avec mes copines !** Le principe ? Vous les invitez pour l'apéro et elles peuvent repartir avec des goodies : gratuits, à 1 euro, un poil plus cher… Bref, la version adulte des goûters d'anniversaire avec pêche aux canards !

→ **Pratique : je revends sur le Net.** Hyper pratique pour les livres (Amazon, Momox, Gibert…) ou pour les vêtements (Vestiaire Collective, Vide Dressing, appli Vinted…).

→ **Éthique : je donne le surplus à des associations** (bennes à vêtements, Emmaüs…).

→ **Écolo : je recycle les produits électroniques** défectueux ou inutilisés (voir www.eco-systemes.fr pour les collectes organisées dans votre ville. Cela évite de se déplacer à la déchetterie !).

→ **Et surtout, je continue de trier au fur et à mesure toute l'année**, je ne laisse plus rien s'accumuler.

Et si vous vous mettiez à la garde-robe capsule ?
Marre de devoir ranger votre placard tous les deux jours car il croule sous les vêtements en boule ? Vous n'avez rien à vous mettre ou vous mettez toujours ce qui se trouve sur le haut de pile ? Pourquoi ne pas adopter la garde-robe capsule ? C'est l'idéal pour un dressing simplifié et bien organisé. L'idée est simple : entre la flemme, les erreurs d'achat, le rangement peu optimal… on n'utilise souvent que 20 % de sa garde-robe. Le challenge de la garde-robe capsule consiste initialement à ne garder que 33 pièces (allant toutes ensemble) pour trois mois (soit une saison). Résultat ? Les placards sont allégés, mais pas forcément notre porte-monnaie (il faut se créer cette nouvelle garde-robe et bien souvent on choisit moins de pièces mais plus belles, donc plus chères). Vous n'êtes pas obligée de descendre tout de suite à 33 pièces (on ne s'improvise pas minimaliste du jour au lendemain), mais vous pouvez vous inspirer de cette tendance pour désencombrer votre penderie en ne gardant par exemple que trois jupes, cinq pantalons, etc. Sur les réseaux sociaux, recherchez le hashtag #capsulewardrobe pour trouver l'inspiration.

Programme : opération ménage de printemps (et d'automne, d'hiver, d'été !)

Eh oui, le ménage, contrairement à l'expression, ne se fait pas seulement à fond, une fois le printemps venu. Mais, attention, il ne doit pas prendre non plus toute la place dans notre journée ou nos week-ends, sous peine de nous transformer en Cosette. Voici quelques astuces pour bien vivre son ménage au quotidien.

Avant de commencer

J'évalue les dégâts

Un peu comme si vous deviez déménager demain et passer en revue tout ce qui cloche : prenez un carnet, un stylo, baladez-vous dans votre appart et notez tout ce qui doit être nettoyé dans chaque pièce.
Exemple, dans la salle de bains : joints cracra, miroir plein d'éclaboussures, sol pas net, calcaire sur la paroi de douche… Une fois l'inventaire fait, comme pour le tri, faites un grand ménage par zone et ne vous mettez pas la pression : à moins d'habiter une petite chambre de bonne, il y a peu de chance que vous puissiez nettoyer tout l'appart en une journée (voire en un week-end).
Le but ? On repart de zéro avant d'établir une routine ménage qui passera plus inaperçue (promis !).

Je prépare le matériel

Le bon matériel pour nettoyer est celui qu'on a toujours à portée de main. Pour ça, deux solutions : mettez tous vos produits dans un seau que vous pouvez transporter de pièce en pièce ou ayez chaque produit approprié rangé dans chaque pièce (facile ensuite pour nettoyer au fur et à mesure). Vous avez le droit, si ça vous tente, de dévaliser le rayon lingettes, d'acheter un produit spécial WC, puis un produit salle de bains, un produit cuisine, un produit sol, etc. Mais sachez qu'avec du bicarbonate de soude, du savon de Marseille ou noir, du vinaigre blanc, du citron et quelques huiles essentielles, vous pouvez presque tout nettoyer et votre seau sera bien moins lourd à transporter.

J'établis un planning de ménage

Maintenant que votre grand ménage de printemps a été bouclé (bravo !). Il vous reste encore une dernière tâche un peu fastidieuse avant de pouvoir profiter d'une routine ménage optimale et pas prise de tête. Même principe que tout à l'heure : baladez-vous de pièce en pièce et notez, pour chacune, ce qui doit être nettoyé régulièrement, puis attribuez une fréquence pour chaque tâche.
Ci-dessous, quelques exemples : à vous de les compléter.

Astuce : pourquoi ne pas dédier une page de votre Bullet Journal® à vos routines ménage journalières, hebdomadaires et mensuelles ?

Un peu tous les jours

- Vaisselle
- Coup de balai
- ....
- ....

Toutes les semaines

- Passer l'aspirateur
- Lessive de serviettes
- ....
- ....

Tous les 15 jours

- Nettoyer le frigo
- Nettoyer la poubelle
- ....
- ....

Tous les mois

- Faire les vitres
- Retourner et aspirer le matelas
- ....
- ....

Ça y est, votre planning est fait !

Maintenant, vous avez un mois pour vous y tenir et ancrer cette routine dans vos habitudes. Attention : ne surchargez pas inutilement le planning « une fois par semaine » (c'est un coup à encore tout reporter sur le week-end !) et privilégiez les tâches « un peu tous les jours ».

Kon-Mari

Vous avez besoin d'être un peu plus cadrée dans votre opération rangement ? Cette approche va vous aider à faire le point et vous guider vers un appart mieux organisé.

La méthode zen japonaise

« Ranger peut rendre heureux » selon la méthode Kon-Mari de Marie Kondo. Dans son best-seller *La Magie du rangement*, la super organisée Marie Kondo dévoile un max d'astuces pour tout ranger dans la joie et le zen absolus.

> **Astuce** : toujours aller jusqu'au bout de sa tâche ! Vous avez renversé du jus de fruits sur la table, vous nettoyez avec l'éponge tout de suite, c'est top ! Mais pensez aussi à rincer l'éponge, l'essorer et la ranger : sinon, vous remplacez une corvée par une autre.

3 astuces essentielles à retenir

1 Toujours ranger ses vêtements debout et pas à plat

Cela évite de les écraser et on voit mieux ce qu'on a à se mettre (Marie Kondo développe d'ailleurs dans sa méthode des techniques de pliage pointues pour chaque type de vêtements). La base de la méthode ? Replier les côtés vers le milieu, rabattre les manches, puis plier en deux, encore, puis encore.

2 Vous ne savez pas si vous devez jeter cet objet ou non ?

Posez-vous la question : « Est-ce que cet objet me met en joie ? », si oui, vous le gardez, si non, vous le jetez ! Le but ultime d'une maison bien rangée pour Marie Kondo ? Être heureuse, en toute simplicité.

3 Chaque chose à sa place !

Enfin, un conseil de bon sens basique mais indispensable : c'est tout bête, mais vous devez absolument dédier une place à CHAQUE chose et ne plus jamais la ranger ailleurs – c'est la clé pour éviter ensuite l'effet rebond. Votre grand-mère vous le rabâchait, Marie Kondo vous le redit : il serait peut-être temps d'adopter une bonne fois pour toutes cette nouvelle habitude, non ?

Le plus

Hyper cadrée, pratique, pleine de bon sens et d'astuces, la méthode Kon-Mari est l'alliée idéale pour mener à bien ce grand tri une bonne fois pour toutes. Quand le tri est fait et les habitudes enclenchées, on n'y revient plus. Le moins : cette méthode, très axée développement personnel, pourra en déconcerter certaines : « Euh, les salutations à ma maison tous les matins et remercier mon vêtement de protéger mon corps quand je m'habille, ce n'est pas un peu too much ? » À vous de vous faire une idée !

Ça y est, vous vous êtes motivée pour remettre de l'ordre dans votre appart et dans votre vie ? Faites le point sur votre état de bien-être à mi-parcours (1 étant « encore un peu sous l'eau » et 5 : « beaucoup plus zen »).

1	2	3	4	5
☐	☐	☐	☐	☐

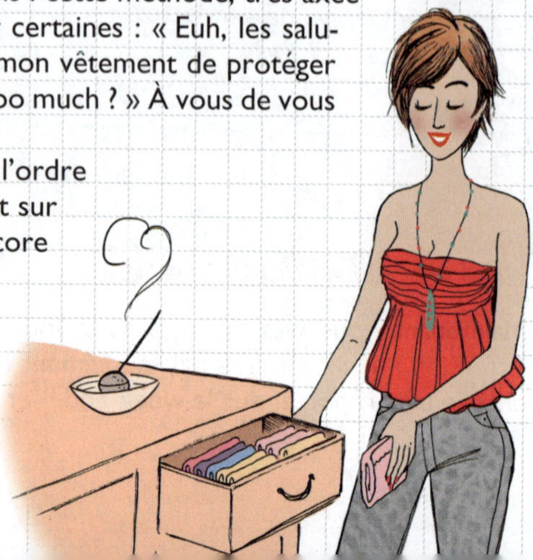

Chapitre 5

Je gère ma vie numérique comme une pro

Le grand ménage virtuel

Ça y est, vous avez organisé votre esprit, vos to-do lists, votre appart, votre rangement… et votre vie numérique, alors ? Les 829 e-mails non lus qui s'accumulent dans votre boîte de réception vous hérissent le poil ? Vous ne voyez plus le beau fond d'écran de votre ordi, envahi par une forêt touffue de PDF et de documents Word ? Et que faites-vous de toutes ces photos de vacances, selfies et autres copies d'écran accumulées sur votre smartphone ? Rien ? Dommage !

Si le désordre dans votre vie numérique ne se voit pas à l'œil nu, il peut tout de même encombrer votre esprit et brider votre productivité, tout comme le désordre accumulé dans votre appart. Allez, hop !, Il est grand temps de remettre tout ça en ordre et de lancer l'opération « grand ménage virtuel ».

Mais une fois ce gros tri numérique effectué, il ne s'agit pas de reprendre *illico* vos petites habitudes hyper chronophages : laisser s'accumuler les e-mails, perdre un temps fou à chercher, scroller ou poster sur les réseaux sociaux, discuter des heures sur WhatsApp… C'est fou, le temps qu'on peut perdre sur le Web ou notre smartphone. Des chercheurs ont même calculé que le temps qu'on passe désormais sur les réseaux sociaux nous empêcherait de lire 200 livres par an ! Mais, bonne nouvelle, il existe une multitude d'astuces pratiques et efficaces pour y remédier. Le but ? Arriver à organiser votre vie numérique comme une pro en vous éparpillant moins et en devenant la reine de la concentration.

Allez, c'est parti pour un vrai reboot : on appuie sur « reset » et on remet les compteurs de notre organisation numérique à zéro.

On parie que votre boîte mail, votre smartphone et votre ordi, eux aussi, ont grand besoin d'un tri salutaire avant de réorganiser l'ensemble… pour de bon !

Je gère ma boîte mail comme une pro

Au boulot, comme dans la vie, une boîte mail bien rangée, c'est la base d'une organisation sereine. Objectif : zéro mail dans la boîte de réception !

Étape 1 : haro sur les spams !

Un sujet ou un blog vous intéresse ? Vous vous abonnez direct à la newsletter ! Un petit craquage shopping ? Et hop ! vous voilà envahie par les promos plus ou moins alléchantes ! Résultat, vous croulez sous les mails et vous n'avez plus le temps de lire ce qui vous intéresse vraiment. Voici trois astuces pour dépolluer votre boîte mail, vous alléger l'esprit et gagner un temps fou par la même occasion.

Moins de mails dans votre boîte de réception peut sauver des arbres ! Eh oui, envoyer des e-mails, tout comme surfer sur le Web, émet du CO_2 (environ 5 grammes par mail et encore, si la pièce jointe n'est pas trop lourde) : une pollution numérique non négligeable !

Désinscrivez-vous !

Newsletters, promos, spams d'origine non identifiée… Vous triez 120 mails pour n'en lire au final que 10 max… La solution ? Vous désinscrire, pardi ! Oui, mais ce n'est pas toujours si facile. La seule idée de devoir cliquer sur le bouton de désinscription en bas de chaque newsletter vous fatigue d'avance ? Sans compter que certains expéditeurs un peu fourbes prennent un malin plaisir à vous faire poireauter en vous posant 10 000 questions sur les raisons de votre désinscription, quand ils ne l'ignorent pas complètement… Pas de problème ! Il existe des solutions gratuites sur le Web, telles que Cleanfox.io ou Unroll.me qui permettent de se désinscrire d'un coup de toutes les newsletters, pubs et spams superflus : une vraie libération.
Le site me-desinscrire.fr propose aussi des liens de désinscription directs pour de nombreux sites et services Internet : hyper pratique ! Vous avez quand même des scrupules à vous désabonner de cette newsletter que vous aimez bien ? Vérifiez s'il n'est pas possible de juste paramétrer la fréquence d'envoi de leurs e-mails afin d'en recevoir moins souvent.

Créez-vous une adresse poubelle

C'est bien joli de s'être débarrassée de tous ces spams inutiles, mais ils peuvent revenir très vite, sans crier gare. Il suffit qu'un site vous appâte avec moins 10 % sur votre commande si vous vous abonnez à sa newsletter, et bim !, vous voilà de nouveau prise dans l'engrenage ! La solution ? L'adresse poubelle. Celle que vous donnerez désormais chaque fois qu'on vous demandera votre e-mail pour une promo, une carte de fidélité ou juste pour vous « tenir au courant »… Eh oui, il est possible que vous passiez une fois à côté d'un bon plan « ventes privées », mais est-ce si grave ? Au pire, ne gardez que les promos de vos trois marques préférées (pas plus) dans votre boîte habituelle, les autres atterriront dans votre boîte poubelle.

Pensez à la navigation privée

Avez-vous déjà remarqué ? Vous visitez un site à la recherche d'une jolie paire de chaussures compensées et paf !, quelques minutes, heures ou jours plus tard, l'air de rien, le site en question vous envoie un e-mail « suite à votre visite » et apparaissent comme par magie les chaussures que vous avez repérées, mais pas achetées, lors de votre dernier lèche-vitrines ! Et hop !, un spam de plus (l'un des plus fourbes) que vous n'aviez pas réclamé. Merci, les cookies et compagnie. Il existe une solution efficace pour éviter que le site ne vous repère et s'invite dans votre boîte mail : mettez-vous systématiquement en « navigation privée » (affichez une nouvelle fenêtre privée, dans l'onglet « menu ») lorsque vous faites du shopping sur Internet : l'équivalent digital du trench, chapeau, journal et lunettes noires pour ne pas se faire repérer !

Étape 2 : bien trier, classer et archiver ses e-mails

L'idée ? Que votre boîte de réception ne contienne plus que les affaires en cours : elle devient alors en quelque sorte une to-do list. Vous pouvez même attribuer un petit signe (drapeau, étoile, couleur…) à chaque e-mail pour déterminer ce qui est urgent, ce qui est en attente d'une réponse, etc. Et les autres e-mails ? Si c'est traité, hop ! à la corbeille ! Et si on a besoin de l'archiver ? On le place dans la rubrique correspondante. Le pire est de laisser tous ses e-mails, déjà lus ou non, dans la boîte de réception. Car, quand vous ouvrez votre boîte, votre regard est immédiatement pollué par cette masse d'e-mails décourageante.

Le must : créer des rubriques pour les e-mails récurrents

Par exemple : achats Internet, impôts, mutuelle, etc. Vous y classez ainsi chaque e-mail au fur et à mesure. Encore mieux, vous pouvez faire en sorte, dans les paramètres de certaines boîtes mail (comme Gmail), que les e-mails provenant de certains expéditeurs ne tombent plus en boîte de réception mais directement dans une rubrique dédiée.

Vous avez la flemme de trier tous ces e-mails ?

Des services en ligne comme Sanebox (www.sanebox.com) peuvent le faire pour vous. Ils analysent votre boîte, repèrent les mails les plus importants selon vos habitudes et les laissent dans la boîte de réception. Les autres e-mails sont basculés dans une rubrique « Divers » à part. Le tout en quelques minutes.

Étape 3 : définir des créneaux horaires pour regarder ses e-mails

C'est le secret des filles super organisées et productives. Parce qu'il y aura toujours un e-mail à lire dans votre boîte, vous pourrez y passer la majeure partie de votre journée sans même vous en rendre compte. Mais posez-vous une seconde. Est-ce vraiment utile d'avoir connaissance en temps réel de vos e-mails et d'y répondre dans la minute ? Si c'était vraiment urgent, on vous aurait déjà appelée, non ? Déterminez plutôt des plages horaires pour regarder vos e-mails : par exemple, à 8 heures, midi et 18 heures… Et le reste du temps ? Ignorez-les ! Ils seront encore là demain. Ni vu ni connu, vous reprenez le pouvoir. Vous n'êtes plus esclave de votre boîte mail, c'est elle qui est à votre service : ce qui est tout de même plus logique et rassurant.

Étape 4 : la règle des trois e-mails

Cette règle simple a été créée par Phil Simon, un journaliste américain, et elle est appliquée par de nombreux P-DG de la Silicon Valley. Le principe est ultra simple : plus de trois échanges mails sur un sujet avec un collègue ? On décroche son téléphone ou on se voit pour en parler. Le but ? Éviter de crouler sous les mails inutiles au boulot et rester précis et concis dans nos demandes. Certains la mettent même en signature de leurs e-mails : « J'applique la règle des trois e-mails. Au-delà de trois échanges, parlons-nous ! » De quoi gagner en productivité au boulot où la lecture de nos mails est de plus en plus chronophage.

Je désencombre mon smartphone

Trier ses applis

Il est fort probable que 90 % des applis de votre mobile ne vous servent strictement à rien. Dans ce cas, rien de plus simple : ne gardez que celles que vous utilisez vraiment. Comme pour les vêtements, pas de triche : si vous n'avez pas cliqué dessus depuis un mois, il y a de fortes chances que vous ne le fassiez pas non plus dans les prochains jours. Ne les gardez pas parce qu'elles sont « hype », que tout le monde les a téléchargées ou juste pour faire joli sur votre fond d'écran.

Une fois ce tri fait, organisez-les par catégories. Pas plus de 9 applis par dossier, sinon on ne les voit plus et on oublie qu'elles existent. L'idéal ? Donner à ces catégories des noms courts et percutants qui évoquent tout de suite le contenu du dossier. Le must étant les verbes d'action : « Partager » pour les applis réseaux sociaux, « Écouter » pour les applis musique, etc.

Supprimer les historiques des textos

Supprimer l'historique de vos conversations enflammées avec votre BFF vous fend le cœur ? Ok, mais franchement, ça vous arrive souvent de relire vos messages datant de 2009 ? Si c'est le cas et que la nostalgie reste importante pour vous, vous pouvez toujours imprimer ceux qui vous tiennent à cœur et même en faire un petit livre souvenir : des sites comme www.monlivresms.com le proposent, par exemple.

Et pour les autres ? Pas de pitié, supprimez-les sur-le-champ ou, encore mieux, au fur et à mesure. Astuce super utile à connaître : il y a de fortes chances que l'historique de vos messages soit conservé « indéfiniment » par défaut sur votre smartphone. Allez vérifier dans les réglages/messages/historiques des messages et choisissez le temps de stockage de vos textos : indéfiniment, un an ou 30 jours ? Comme ça, vous n'aurez plus à y penser : l'affaire sera réglée une bonne fois pour toutes.

Organiser ses écrans

Votre smartphone croule malgré tout sous les applis qui prennent une place phénoménale et s'étalent sur trois écrans à balayer ? Petite astuce : optez pour un joli fond d'écran, mais le plus épuré possible, pourquoi pas en noir et blanc, afin de mieux faire ressortir vos applications et d'éviter de perdre trop de temps à les chercher. L'objectif ultime : n'avoir sur son smartphone qu'un seul écran avec des applis utiles (et utilisées !), bien rangées par dossier. Si cette tendance assez minimaliste vous semble irréaliste, faites en sorte que le premier écran, c'est-à-dire l'écran d'accueil de votre smartphone, ne contienne que les applis que vous utilisez tous les jours. Et réservez les autres « pages » pour des applis moins utiles ou que vous souhaitez justement utiliser moins souvent car trop addictives.

Help ! J'en fais quoi de toutes ces photos ?

D'abord, checkez toutes vos photos et effacez rapidement les images ratées, les doublons et les copies d'écran obsolètes. Pourquoi ne pas appliquer la règle de Marie Kondo (voir p. 54) à votre smartphone ? Si une photo ne vous met pas en joie, supprimez-la ! De toute façon, il y a de fortes chances que vous ayez déjà posté les meilleures sur Instagram.

Une fois votre smartphone tout allégé et tout pimpant...
Continuez à trier et à organiser vos applis au fur et à mesure pour ne pas avoir à refaire la même opération chronophage tous les six mois. Et n'oubliez pas non plus de le nettoyer vraiment (avec des lingettes ou un produit approprié) : il n'y a pas que les bugs à surveiller, il y a les vrais virus aussi !

Il existe aussi des applications qui vous permettent de mieux organiser vos photos, et surtout de vous y retrouver : c'est le cas de Google Photo et de son outil de recherche ultra performant ou de l'appli PicJoy et de son système de tags. Une fois ce tri fait, n'hésitez pas à imprimer les meilleures. Promis, vous ne serez pas obligée de les ranger dans un album photo plan plan : de nombreuses applications comme Cheerz, Lalalab, Photobox… permettent de les imprimer directement sur des petits livres ou des magnets pour égayer votre frigo, dans des petites boîtes au format Polaroid et même sur des coques de téléphone : amusez-vous et, ensuite, supprimez-les de votre téléphone pour faire de la place.

Je « nettoie » mon ordi

Un PC mal organisé est plus lent et a moins d'espace de stockage disponible. Le réorganiser, c'est du temps gagné et une tranquillité d'esprit retrouvée.

Faire le ménage

Avant toute chose, commencez par faire un tour dans votre fichier « Téléchargements » ou « Downloads » : vous risquez d'être effarée du nombre de documents Word, PDF et autres JPEG inutiles qui y pullulent. Eh oui, chaque fois que vous ouvrez un document depuis votre boîte mail ou Internet, il y a de fortes chances que votre navigateur web l'enregistre et le garde bien au chaud sur votre ordi dans ce dossier fourre-tout, car il faut bien qu'il le mette quelque part. C'est le premier dossier à vider pour faire de la place. Vous pouvez vous lâcher et y aller par fournée : vous avez peu de risques de passer à côté de fichiers pépites en les supprimant, car s'ils vous intéressaient vraiment, vous les auriez déjà enregistrés ailleurs. Pensez ensuite à faire le ménage dans ce dossier, très régulièrement mais à votre rythme : une fois par semaine, une fois par mois…

Une fois le dossier « Téléchargements » entièrement vidé, allez fouiller dans vos autres fichiers et supprimez ceux qui sont obsolètes. Si vous avez peur de les supprimer pour de bon et d'en avoir besoin un jour, regroupez-les sous un gros dossier commun « old » ou « archives ». Si, l'année prochaine, vous vous rendez compte que vous n'avez jamais ouvert ce gros dossier : supprimez-le ! Pas le temps de passer en revue tous vos dossiers un par un (vous avez autre chose à faire de vos week-ends et c'est tant mieux) ? Misez sur des solutions qui font le ménage pour vous en scannant et en supprimant les fichiers doublons (textes, musique, vidéos), comme Dr Cleaner pour Mac ou Duplicate Cleaner sur Windows.

Avoir un « bureau » toujours nickel

Évitez au maximum d'enregistrer un fichier directement sur le desktop de votre ordi : sur le coup, ça paraît être une bonne idée pour le retrouver facilement, mais au final, ça vous fera du tri en plus quand votre fond d'écran sera envahi par une forêt de PDF éparpillés.

Pour ne pas être tentée, customisez votre fond d'écran : plus vous l'aimerez, moins vous aurez envie que des fichiers viennent le gâcher. Vous pouvez aussi enregistrer les raccourcis utiles qui restent toujours sur le bureau de votre PC en les regroupant en bas de l'écran sous forme de « dock », comme sur les Mac (en utilisant par exemple Stardocks ou Rocketdocks). Le résultat ? Chaque fois que vous allumez votre ordi, la première chose que vous voyez est un joli fond d'écran bien net et inspirant et non une multitude de fichiers en attente d'être triés : motivant !

Organiser ses fichiers

Enfin, dernière étape : organisez pour de bon vos fichiers dans des dossiers bien pensés, en gardant en tête qu'il vaut mieux éviter de créer plus de deux niveaux (un dossier/un sous-dossier), sinon on s'y perd vite. Évitez le classement par types de fichiers (PDF, WORD, JPEG…) qui n'a aucun sens, celui par date, qui est souvent peu approprié (sauf pour les photos éventuellement) et privilégiez un classement par catégories. Mais, à la différence du classement des applis sur votre smartphone, optez plutôt pour des titres de dossiers très clairs et explicites afin de mieux vous y retrouver.

Organiser aussi ses mots de passe !

Tentée de garder le même mot de passe pour tout ou de les enregistrer sur votre navigateur pour ne plus avoir à les taper au moment où on vous les demande ? Mauvaise idée ! Ce serait faire un cadeau en or aux pirates qui n'attendent que ça pour partir à l'abordage de votre ordi. Si toutefois vous avez du mal à retenir vos différents mots de passe à rallonge (on vous comprend !), deux solutions s'offrent à vous…

1 **Écrivez vos mdp dans une appli Notes de votre smartphone** ou sur un carnet papier, mais en « codant » un peu les informations. Exemple : Facebook = nom de mon chanteur préféré + chiffre habituel.

2 **Optez pour des logiciels qui s'occupent de centraliser** tous vos mots de passe, comme KeePass ou LastPass. Au final, vous n'en retenez plus qu'un seul : libérée, délivrée !

J'organise mes réseaux sociaux et ma veille Internet

Ça nous est à toutes arrivé : scroller des heures sans but précis, passer d'un article à un autre, puis d'une image à une autre pour qu'au final, le temps nous file entre les doigts sans qu'on s'en rende compte.

Une mauvaise organisation ou une utilisation compulsive des réseaux sociaux peut non seulement vous faire perdre un temps précieux, mais aussi vous empêcher d'être pleinement heureuse et épanouie. Des scientifiques se sont d'ailleurs penchés sur la question : notre temps passé sur Facebook aurait un lien avéré avec notre capacité à être heureuse ou pas (si on y traîne trop souvent). On vous dévoile ici les bonnes astuces et outils pour une veille intelligente sur le Web et les réseaux sociaux. Et découvrez aussi comment gérer efficacement vos différents profils sans y passer votre vie.

Avant de commencer…

Faites un tour sur vos différents profils et commencez par arrêter de suivre les comptes qui ne vous apportent rien, ou pire, vous font sentir un peu envieuse (« Hiii, marre des photos de pieds vernis au bord de la piscine, 365 jours par an ») ou juste saoulée (« Argh, j'en peux plus de voir apparaître des photos de bébé la bouche pleine de chocolat parce que c'est cro-mignon »).

Revenez à ce que devrait être votre fil à la base : une source d'inspiration, pas un générateur de comparaison ou d'agacement. Et, soyez tranquille, si vous cessez de suivre quelqu'un sur Instagram, il ne sera pas notifié. Sur Facebook, vous pouvez rester amie avec quelqu'un et ne plus voir ses posts s'afficher sur votre mur, *idem* sur Twitter avec la fonction « Compte masqué » dans les paramètres.

Gérer vos différents profils comme une pro

Définissez un but pour chaque réseau

Que voulez-vous dire sur Twitter ? Quel message voulez-vous partager sur Facebook ? Quelle image voulez-vous donner sur Instagram ? De nos jours, répondre à ces questions est devenu primordial. Pourquoi ? Pour donner une image numérique cohérente et rassurante pour de futurs employeurs et attirer les followers.

Priorisez ceux que vous préférez

Avez-vous vraiment besoin d'un profil LinkedIn ET d'un profil Viadeo ? De poster vos stories sur Instagram ET sur Snapchat ? À moins d'avoir un job ou un blog qui vous oblige à être partout à la fois, la réponse a de grande chance d'être un non catégorique. Privilégiez le réseau avec lequel vous avez le plus d'affinités et investissez-le à fond. Mieux vaut être au top sur un réseau que de s'éparpiller sur plusieurs sans cohérence.

Gagnez du temps en adoptant les astuces et les outils des community managers

Gérer tous ses profils en même temps sur une seule plate-forme, connaître les heures où il vaut mieux poster pour engranger un max de likes et de cœurs, programmer ses posts ? Ça vous tente ? Les pros utilisent des plates-formes qui permettent de gérer plusieurs profils à la fois et de poster du contenu en même temps sur plusieurs réseaux : parfait pour s'assurer une super visibilité. Hootsuite, Buffer, Post Planner… proposent ce genre de service mais souvent sous forme d'abonnement payant (avec possibilité d'essayer gratuitement).
Sinon, vous pouvez toujours réserver une page de votre bon vieux Bullet Journal® pour noter vos idées de posts et votre calendrier de contenu.

À savoir : si vous voulez faire la course aux likes, mieux vaut éviter de poster entre 20 heures et 8 heures du matin : ce créneau est souvent synonyme d'heures creuses sur la plupart des réseaux sociaux.

Organiser sa veille sur Internet et bien trier ses informations

Fini, le scroll hypnotique sans but et le clic intempestif sur la vidéo du moment qui vous emmène vers une autre et encore une autre… C'est la meilleure façon de passer un temps fou sur le Web pour en retirer bien peu de chose. Vous savez ce qui vous intéresse ? Faites en sorte que ça apparaisse en premier sur votre mur ou votre fil. Ou, mieux encore, apprenez à compiler les infos qui vous intéressent pour pouvoir les compulser au calme plus tard.

Le top des outils pour s'informer et réaliser une veille efficace

Pour réunir en un seul endroit et organiser toutes les infos qui vous intéressent, il existe des outils gain de temps super utiles. L'appli Pocket est par exemple un must : elle permet d'enregistrer du contenu pour le lire plus tard, même hors ligne : pas mal quand on n'a pas le temps ou pas de réseau pour approfondir une info dans les transports. Les agrégateurs de contenus, comme Feedly ou Netvibes, sont hyper pratiques également. Flipboard, lui, va plus loin en regroupant les contenus qui nous intéressent sous forme d'un petit magazine digital. Quant à Scoop.it, il permet d'organiser et partager efficacement sa veille sur le Web sur un sujet précis. Vous pouvez aussi juste utiliser Twitter pour vous renseigner sur de nombreux sujets *via* les hashtags, même si le fil est souvent fouilli et décourageant. Afin d'organiser tout ça au cordeau, par colonnes, et d'y voir plus clair, pensez à l'outil TweetDeck.

Restez concentrée !

Avec toutes ces distractions à portée de pouce, pas simple de ne pas s'éparpiller ! Surtout quand notre smartphone ou notre écran d'ordi nous sollicite et nous tente à tout bout de champ !

5 astuces pour ne plus être esclave de son smartphone

Et si vous utilisiez votre smartphone de façon productive et non addictive ?

1 Ne mettez pas vos applis Facebook, Instagram, Snapchat... sur le premier écran de votre smartphone

En ne les voyant pas apparaître directement dès que vous allumez votre smartphone, vous serez moins tentée de cliquer dessus à tout bout de champ.

2 Luttez contre le FOMO

FOMO, quèsaco ? C'est l'acronyme de l'expression anglaise « *fear of missing out* », en français dans le texte : « la peur de rater quelque chose ». En gros, vous avez du mal à vivre avec le fait que si vous ne regardez pas votre smartphone toutes les 30 secondes, vous allez rater un texto, une photo Instagram, un post Facebook ou une invit' capitale à la soirée du siècle. La solution ? Se sevrer petit à petit et éviter de bondir sur son mobile au moindre bip ou vibration. Courage !

3 Désactivez vos notifications

Ne soyez plus passive, mais proactive ! Allez à la pêche à l'info et ne laissez plus l'info venir à vous. C'est valable pour les réseaux sociaux mais aussi pour toute appli, et particulièrement celles des chaînes d'info ou des journaux qui partagent souvent à chaud les news les plus anxiogènes dans leurs notifications. *Idem* pour les jeux où les notifs poussent à l'achat.

❹ Ne vous jetez pas directement sur votre smartphone le matin au réveil

Ou, pire, avant même d'avoir mis un pied hors du lit ! Prenez le temps d'émerger dans le monde réel avant de plonger dans le grand bain virtuel.

❺ Détournez la méthode Pomodoro pour vous déconnecter

Cette méthode (voir p. 31) est aussi parfaite pour se sevrer en douceur de toutes les tentations numériques. Pourquoi ? Parce que, pendant les 25 minutes de Pomodoro où l'on doit se concentrer, on déconnecte obligatoirement. Et vous serez d'autant plus contente de pouvoir vous récompenser ensuite en scrollant à votre guise pendant les 5 minutes de pause. Vous n'êtes pas non plus obligée de suivre cette méthode à la lettre, vous pouvez aussi décider de vous ménager des plages horaires précises de digital detox dans la journée.

Découvrez combien de temps vous passez vraiment sur votre smartphone !

Chronométrez-vous ! En 24 heures, combien de temps (environ) avez-vous passé sur Facebook, WhatsApp, Snapchat, Internet ? Notez aussi ce que cela vous a apporté (ou pas !) : détente, inspiration, fun ou stress, envie, voire jalousie…

- ....
- ....
- ....

À noter : certaines applications comme Quality Time permettent aussi de calculer automatiquement le temps passé sur son smartphone. À essayer !

La règle des 20-20-20

Parfois, vous n'arrivez plus à vous concentrer simplement parce que vos yeux sont secs, rouges ou fatigués à force de fixer des écrans à longueur de temps. D'autant plus qu'on a tendance à moins cligner des yeux lorsqu'on se focalise longtemps sur un écran. La solution ? C'est un opthalmo indien qui l'a trouvée : toutes les 20 minutes, détournez vos yeux de l'écran qui vous hypnotise et fixez pendant 20 secondes un point fixe situé à 20 pieds (environ 6 mètres) au loin, et n'oubliez pas de bien cligner des yeux pendant cette pause de 20 secondes. Fini, la fatigue visuelle, vous pouvez reprendre une activité normale !

N'abusez pas trop du café

À petite dose, le café booste la concentration et la motivation, mais au-delà de 3 ou 4 tasses, c'est l'effet inverse qui se produit et les désagréments (palpitations et compagnie) prennent le pas sur les effets bénéfiques.

Choisissez un fond sonore qui booste votre concentration

Que ce soit les sons de la nature qui vous manquent pour couvrir le bruit de la ville ou, au contraire, que vous ayez besoin d'entendre l'activité d'un café pour titiller votre motivation, testez les sons qui boostent votre concentration. Il existe même des applications ou des logiciels pour cela, comme Noizio.

Mollo sur le multitasking

Faire plusieurs choses en une journée, avoir plusieurs jobs avec lesquels jongler dans la semaine : ok, c'est exaltant. Cependant, n'oubliez pas : on peut s'atteler à plusieurs tâches mais jamais en même temps, sous peine de s'éparpiller, de bâcler, ou pire, de n'en finir aucune. Prenez chaque tâche l'une après l'autre et évitez de jongler et zapper en permanence : c'est très mauvais pour la concentration et hyper fatiguant à la longue.

Avez-vous besoin d'une digital detox ?

Cochez ci-dessous les phrases qui vous correspondent !

1. Je mets mon téléphone sur la table lorsque je déjeune/dîne/prends l'apéro avec une copine.....Oui ❑ Non ❑
2. Il m'arrive d'être jalouse/envieuse de la vie des autres quand je checke mes réseaux sociaux. ....Oui ❑ Non ❑
3. Je réponds toujours à un texto dans la seconde et ça m'énerve si les autres ne font pas pareil. ....Oui ❑ Non ❑
4. Mon téléphone est la première chose que je regarde chaque matin au réveil. ....Oui ❑ Non ❑

5 Il m'arrive très souvent d'anticiper dans ma tête les posts (hashtags compris) que je pourrais faire sur les réseaux sociaux lorsque je me balade. .... Oui ❑ Non ❑

6 J'ai déjà raté un arrêt de métro ou de bus parce que j'étais hypnotisée par mon fil Instagram. .... Oui ❑ Non ❑

7 Je ne suis pas myope mais j'ai très envie de m'acheter des lunettes de vue anti-lumière bleue. .... Oui ❑ Non ❑

8 Je ne supporte pas les endroits où l'on capte mal ! .... Oui ❑ Non ❑

9 J'ai toujours un chargeur de secours dans mon sac, une batterie de smartphone à 3 % me donne presque des sueurs froides. .... Oui ❑ Non ❑

10 J'ai déjà cru que je connaissais très bien quelqu'un à une soirée alors que je le stalkais juste sur les réseaux sociaux. .... Oui ❑ Non ❑

Faites vos comptes !

Oui	Non

Entre 0 et 3 « oui » : RAS ! Votre vie numérique n'empiète pas sur votre vie réelle, c'est une distraction maîtrisée. La nomophobie (angoisse d'être séparée de son smartphone) ne passera pas par vous. Vous savez déconnecter quand il le faut : bravo !

Entre 4 et 7 « oui » : Votre vie numérique est indissociable de votre vie réelle, elle vous accompagne partout mais vous savez encore faire la part des choses. Mais restez vigilante, vous pouvez basculer vers le côté obscur d'un moment à l'autre !

Plus de 7 « oui » : Oups ! Vous avez besoin d'une petite digital detox pronto ! Accro à votre smartphone, vous avez bien du mal à le laisser tranquille tant il est devenu une extension de votre main, voire un e-doudou ! Commencez par éteindre votre portable la nuit (ou le mettre en mode avion) et ménagez-vous des plages de détente sans Internet, surtout le week-end et le soir. Promis, ça va bien se passer. Mais si, vous reverrez un jour la lumière bleue au bout de ce long tunnel sans wifi !

Chapitre 6

J'atteins mes objectifs sur le long terme

S'autodiscipliner, c'est bien, mais penser à se chouchouter, c'est tout aussi indispensable ! Être super organisée, ce n'est pas seulement savoir cocher des cases dans des to-do lists : encore faut-il trouver un sens derrière tout ça. Planifier son quotidien peut être hyper gratifiant, mais planifier ses objectifs de vie à long terme et visualiser la femme que l'on veut devenir, c'est tout simplement exaltant ! Alors, c'est décidé, pour cette dernière étape, on s'organise afin de ne plus repousser nos bonnes (et grandes) résolutions.

Le but ? Exprimer son plein potentiel en misant sur le long terme. Se remettre au sport, économiser pour un beau voyage, perdre quelques kilos, ou tout simplement manger mieux et équilibré… Avec un quotidien rempli de mille activités, il est facile de perdre de vue ses objectifs de vie à long terme. Mais en intégrant certains challenges à sa routine quotidienne et en s'organisant pour les financer, on les remet au premier plan. Prête à relever le défi ? Yes you can !

Un (gros) challenge perso par an !

Fini, la liste de résolutions longue comme le bras qu'on ne tient jamais : optez plutôt pour un seul challenge perso par an.

On a piqué cette idée géniale à Mark Zuckerberg, le patron et fondateur de Facebook, qui chaque année se fixe un objectif à atteindre en 365 jours : « Lire deux livres par mois pendant un an », « Apprendre le mandarin », « Rencontrer une nouvelle personne chaque jour »…

Cet objectif est totalement personnel et n'a normalement rien à voir avec votre boulot. Vous devez d'abord trouver du plaisir à relever ce défi, mais il doit aussi (et surtout) vous pousser à sortir de votre zone de confort. Son but ? Vous faire progresser et vous amener à faire un pas de plus vers la personne que vous voulez être.

Comment le trouver ?

Pour trouver le challenge qui vous convient, vous devez donc puiser en vous et découvrir ce qui vous tient à cœur, ce qui pourrait vous servir pour devenir la femme que vous souhaitez devenir. Vous aimeriez être plus autonome ? Passez enfin votre permis ou organisez-vous pour bien gérer votre budget. Vous voudriez avoir davantage confiance en vous ? Dépassez votre peur en prenant des cours de théâtre = effet waouh garanti ! « C'est moi qui ai fait ça ? J'ai vraiment été capable de monter sur scène devant des spectateurs pour faire de l'impro ? » Eh oui ! Grâce à ce défi, vous vous rendrez compte que vous êtes capable d'accomplir bien plus que vous ne le croyez.
Alors, intégrez-le dès maintenant à votre organisation quotidienne ou hebdomadaire. Comment ? En lui faisant une petite place dans votre Bullet Journal® ou en lui dédiant un moment dans votre rituel du matin. À la fin de l'année, vous ne devriez même pas avoir envie de vous récompenser si le challenge est accompli, car ce sera une sacrée récompense en soi. Pourquoi ? Parce que le challenge perso est l'inverse de la corvée subie : vous le choisissez pour vous faire du bien et pas pour plaire aux autres. Vous serez simplement fière de vous, reboostée et prête pour le prochain défi.

Mon challenge perso de l'année

Notez ici votre challenge de cette année… Comme prendre des cours de chinois, apprendre à coder, devenir une cuisinière hors pair, etc. Puis, juste en dessous, notez le but final de ce challenge et les deux premières actions à enclencher.

Exemple : prendre des cours de théâtre

Le but : vaincre ma timidité ; réaliser mon rêve d'enfance de monter sur scène.
1re action à enclencher : chercher les cours près de chez moi.
2e action à enclencher : s'inscrire aux cours.

À vous de jouer…

Mon challenge de l'année sera ....

Mon but : ....

La 1re action à enclencher : ....

La 2e action à enclencher : ....

Je me remets au sport et je m'y tiens !

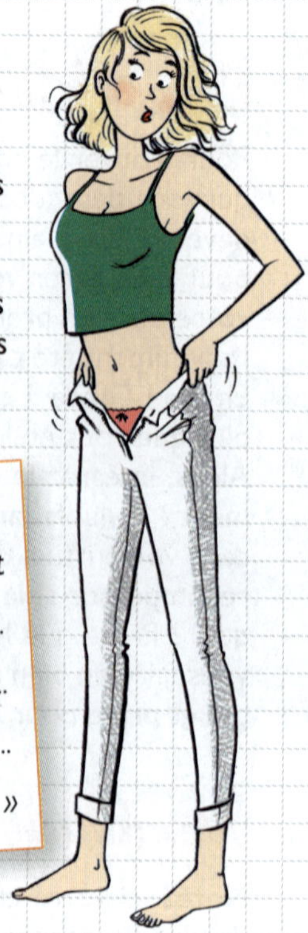

Excuse numéro 1 pour zapper vos séances de sport hebdomadaire ? « Je suis overbookée ! » Tut-tut, ça ne prend pas ! Si cet objectif vous tient à cœur, vous pourrez toujours lui faire une petite place dans votre Bullet Journal® de ministre. C'est simplement une question de priorité : à vous de faire passer celle-ci en haut de votre to-do list si l'objectif est vraiment important pour vous. Mais le but n'est pas non plus de surcharger votre agenda au point d'oublier toute vie sociale : il existe heureusement quelques astuces de super organisées pour ne pas perdre un temps fou à préparer vos séances de gym.

Excuse numéro 2 : « J'ai la flemme ! » Plus motivée par la tendance hygge « bouquin-plaid-bougies » que par une séance hardcore de cycling ? C'est humain ! Mais, en principe, cette excuse ne tient pas non plus si vous savez vraiment pourquoi vous voulez vous (re)mettre au sport. Sans but final clair et défini : pas de motivation possible ! On vous donne ici les clés pour rebooster votre mental de championne, mais définissez d'abord votre objectif avant de commencer (en douceur).

« Je veux me remettre au sport
pour : ....
....
....
.... »

Le sport à la maison : je gagne un temps fou !

Sites d'e-coaching, vidéos de fitness sur YouTube ou applis de compèt' : rien de tel que votre tablette pour entretenir vos muscles !
Faire du sport à la maison, c'est LE bon plan pour réussir à caler n'importe quand un peu de gym dans la semaine.

L'astuce qui sauve : les applis Internet

Certaines applis comme 7 Minutes Workout qui proposent des séances de sport ultra courtes mais intenses sont parfaites pour insérer, l'air de rien, un peu de sport dans la journée. Pourquoi ne pas leur faire une petite place dès le matin, dans votre rituel matinal ?
Vous pouvez aussi opter pour des programmes clés en main, comme le Top Body Challenge : 12 semaines de cours à raison de 3 cours de 30 minutes par semaine à caler chez vous, quand vous le souhaitez. Vous avez juste besoin de télécharger le PDF sur votre tablette et d'un minimum de matériel.
Des sites, comme celui de Décathlon (videos.domyos.fr), proposent aussi des cours complets et gratuits (cardio, danse, cycling…) dans une vraie salle de sport en live, mais à suivre tranquillou depuis votre salon. Et si les horaires ne vous conviennent pas, vous pouvez acheter n'importe quand une séance en replay (pour 99 centimes).

Le coaching à domicile

Autre option, diablement efficace mais un peu plus onéreuse : le coaching à domicile. Il se répand de plus en plus et n'est plus réservé qu'aux VIP. Bon plan : c'est bien moins cher si on invite une ou deux copines à venir suer dans notre salon. Mais c'est aussi un peu plus risqué : gare à l'apéro-récompense !
Le cours coûte aux alentours de 60 euros de l'heure et donne droit à une réduction d'impôts de 50 % (www.justcoaching.fr, www.ownsport.fr ou mustcoach.com).

Le sport en salle, sans les contraintes

Vous préférez l'ambiance des salles de sport et les cours collectifs, mais les horaires proposés par votre salle sont trop restrictifs ou le choix de cours limité ? Essayez le sport en salle à la carte grâce à des sites comme Zippy Pass, So Much More ou Gymlib, qui vous permettent de vous abonner à des centaines de salles en même temps et de réserver facilement vos séances en ligne. C'est beaucoup moins contraignant et l'abonnement peut s'arrêter n'importe quand.

Les bons plans pour rester motivée

1. Vous trouver une copine-partenaire.
2. Planifier vos cours à l'avance.
3. Mettre son sac de sport tout prêt la veille devant la porte pour être sûre de ne pas partir sans.
4. Opter pour un bracelet connecté futé qui vous rappelle à l'ordre quand vous avez besoin de bouger mais vous permet aussi de mesurer vos progrès.
5. Choisir un sport qui vous plaît ou en tester un différent chaque fois pour ne pas vous lasser.

Je mange bien pour être en pleine forme

Chaque fin de semaine, c'est pareil : on se promet de cuisiner des menus équilibrés mais on finit par se faire des coquillettes au jambon au lieu du super tian de légumes prévu ! Planifier ses repas et bien gérer ses courses sans y passer trop de temps, c'est possible, mais ça demande un minimum d'organisation. Le but ? Éviter de finir par commander des sushis ou une pizza double fromage par flemme ou pour cause de frigo désert.

Avant de commencer

Analysez ce que vous mangez sur deux semaines. Objectif : regrouper les idées et les recettes que vous aimez dans un même endroit (un fichier Excel, un classeur, une page de votre Bullet Journal®…), indispensable pour y voir plus clair.
Ajoutez-y aussi les recettes que vous aimeriez tester, mais que vous ne trouvez jamais le temps de faire. Vous pouvez vous lancer un petit défi : en tester une nouvelle par semaine par exemple. Et, si possible, séparez les recettes « light » des recettes gourmandes, ce sera plus facile ensuite de vous y retrouver.

Planifier les menus de la semaine

Maintenant que vous avez analysé ce que vous mangiez le plus souvent et regroupé vos recettes favorites, vous devriez y voir plus clair sur l'éternelle question : « Qu'est-ce qu'on mange ce soir ? ». Attendez toutefois avant de vous jeter sur votre liste de courses : elle ne vous servira pas à grand-chose si vous ne prévoyez pas avant les menus correspondants. Mais pas question de tomber dans le piège barbant du « lundi, c'est raviolis » ! Prévoyez les menus de la semaine certes, mais ne les figez pas : si une copine vous invite au resto, décalez (votre plat prévu, pas le resto !). Et si vous avez eu une dure journée, reportez les brocolis au lendemain en faveur d'un plat plus « comfort food ». L'essentiel est de vous tenir au plan que vous avez prévu sur la semaine.
Attention aussi à ne pas planifier QUE des repas longs et compliqués à préparer tous les soirs de la semaine : c'est la meilleure façon de vous décourager et de ne pas respecter votre planning. Mais ne calez pas non plus QUE des plats « dépannage » rapides à faire : ils sont vos jokers mais ne doivent plus être votre habitude.
Dernière étape : on les note où, ces menus ? Bonne question ! Évitez si possible la feuille volante car vous risquez de la perdre. Néanmoins, si vous le préférez, vous pouvez télécharger des modèles d'organisation de menus assez graphiques (de nombreux sites en proposent) et les regrouper dans un petit classeur. Ces idées de menus seront précieuses quand vous serez en panne d'inspiration. Le must ? Les noter dans un carnet ou leur dédier une page « collection » dans votre Bullet Journal®. Plutôt geek ? Créez un fichier Excel ou rendez-vous sur des sites spécialisés et hyper pratiques comme menuhebdo.com.

Tendance Batch cooking
L'idée : préparer en une seule fois à l'avance les plats de toute la semaine en 2-3 heures. La méthode ? Utiliser des bases qui se conservent facilement (céréales, légumineuses...), les agrémenter de légumes cuits et crus et de condiment (pesto, dips...) pour un bol healthy ou bien composer des salades de saison à l'envi et/ou cuisiner des plats en grande quantité à congeler. Le but : gagner du temps (et de l'argent!) en semaine et être sûre de toujours manger équilibré et fait maison. Pour chercher l'inspiration, rendez-vous sur le site de Miss Blemish, missblemish.fr.

Faire une liste de courses au top

La liste de courses est indispensable pour éviter d'acheter en vous laissant guider par votre estomac, votre sensibilité au marketing ou vos états d'âme (oui, vous avez un coup de mou, mais zut, le Nutella n'est pas sur la liste : désolée !). Voici trois étapes à respecter pour une liste de courses de compèt' :

1. Choisissez un jour dans la semaine pour faire vos courses.
2. Fiez-vous à votre planning de menus.
3. Ne notez pas tout en vrac. Visualisez les rayons de votre magasin et notez ce que vous devez acheter dans chacun de ces rayons : gain de temps considérable assuré (vous n'aurez plus à repasser deux fois au même endroit avant d'aller en caisse).

D'humeur créative ? Vous pouvez même dessiner une mind map avec une branche pour chaque rayon et des sous-branches pour les emplettes correspondantes.

→ Planifier vos menus et faire vos courses ne vous semble pas prioritaire pour le moment ? Il existe de nombreux sites sympas (quitoque.fr ou cookangels.com) qui proposent de vous livrer des menus « clés en main » avec tous les ingrédients pour les cuisiner. Hyper pratique pour continuer à manger sain et équilibré durant les semaines surchargées ou les jours de flemme.

J'épargne pour financer les projets qui me tiennent à coeur

Ce road trip entre copines en Californie, vous en rêvez depuis des années, mais il vous semble inaccessible… En êtes-vous si sûre ? Avec une compta bien ficelée et une épargne bien organisée, vous pourriez bien finir par pouvoir vous le payer, ce voyage de rêve ou tout autre projet qui vous enthousiasme. Là encore, c'est une question de priorités et d'organisation. L'idée ? Faire (vraiment) vos comptes en ne comptant pas seulement sur l'appli de votre banque et en apprenant à bien connaître vos postes de dépenses pour savoir où l'argent passe, et enfin épargner. Avant toute chose, si vous ne le faites pas déjà, pensez à garder tous vos tickets de caisse et demandez-en un chaque fois que vous retirez de l'argent, ne les laissez pas dans votre sac de shopping et trouvez-leur une bonne place dans votre porte-monnaie. Décidez de vous y mettre dès maintenant !

Je m'engage !

Je décide de faire ma compta tous les ____ vers _____heures.
Exemple : je fais mes comptes tous les dimanches après le déjeuner vers 14 heures.

On fait le point : on analyse ses dépenses !

L'appli de votre banque ne vous propose pas de catégoriser vos dépenses ? Pourtant il est essentiel de savoir où votre argent passe pour pouvoir épargner. Commencez par éplucher vos relevés de comptes des deux derniers mois et attribuez une catégorie à chaque dépense en distinguant les dépenses obligatoires et les dépenses accessoires.
Exemple : catégories de dépenses obligatoires : loyer, impôts, banque, forfait mobile, transports, santé. Catégories de dépenses accessoires : beauté, vêtements, sorties, divers…

→ Ça y est, vous avez une idée de votre budget réel (après les dépenses incompressibles) et des postes de dépenses où vous pouvez commencer à économiser (on parie que vous n'aviez pas remarqué à quel point votre budget beauté pesait lourd dans la balance !).

Check list ! Je pense toujours à suivre…

- Mes chèques
- Mes remboursements santé
- Mes tickets d'achat Internet
- Mes frais de banque

Comment faire ses comptes : la magie du fichier Excel ou la poésie du kakebo ?

Sur un fichier Excel

Ah, Excel… le logiciel peut paraître rébarbatif pour les plus littéraires d'entre nous, mais c'est tout simplement l'outil idéal pour suivre ses comptes. La base ? Un onglet avec plusieurs colonnes : date, opération, débit, crédit, solde bancaire, solde réel, montant et catégorie intégrant, au tout début, une colonne pour cocher les dépenses qui sont effectivement réalisées (en se référant à votre relevé de compte en ligne). Décourageant, fastidieux, vous ne savez pas comment créer les formules adéquates ? Pas de panique, il existe des modèles de fichier Excel tout prêts et gratuits à télécharger sur le Web (sur des blogs comme accrodubudget.com, par exemple).

Dans un kakebo

Allergique au fichier Excel ? Investissez dans un kakebo ! À mi-chemin entre l'agenda, le livre de comptes et le journal intime, le kakebo vient du Japon où il est très populaire, voire indispensable pour gérer son budget. Seul bémol, il nécessite de respecter les consignes de base de la méthode qui ne conviennent pas forcément à tout le monde… Par exemple, éviter le plus possible les paiements par carte et retirer une somme fixe en liquide chaque semaine pour les dépenses du quotidien : pas mal pour maîtriser son budget mais pas top pour catégoriser ses dépenses accessoires. Vous pouvez soit en acheter un tout fait dans le commerce, soit vous inspirer d'un modèle (par exemple, le livre-carnet *Kakebo 2017 : Mon petit carnet de comptes*, voir la bibliographie) pour gérer votre budget dans votre Bullet Journal®.

À noter : le meilleur outil reste celui qui vous motive sur la durée ! Souvenez-vous simplement qu'il ne faut jamais compter uniquement sur vos relevés de compte en ligne : ils ne prennent pas en compte les dépenses en cours et pas encore débitées (chèques, prélèvements automatiques…) et, certains mois, ça peut être vraiment trompeur quand on n'a pas toutes les opérations en tête.

Avec une appli

Plus pratique qu'un kakebo et plus simple qu'un fichier Excel : l'appli pour suivre ses comptes au plus près. La plus connue est Bankin', qui permet de bien catégoriser ses dépenses et de se fixer un montant à ne pas dépasser pour chaque catégorie : hyper pratique pour en finir avec les découverts et commencer à économiser.

Se motiver pour épargner

Maintenant que vous savez comment gérer votre budget comme une pro, voici trois astuces pour booster votre motivation et mettre (enfin) de l'argent de côté pour votre projet.

Un challenge

Le 52 Weeks Challenge fait fureur sur Internet. Son but ? Vous permettre de mettre facilement de côté 1 400 euros par an sans vous en rendre compte (ou presque !). Comment ? Pendant un an, on met de côté chaque semaine une somme fixe qui augmente au fur et à mesure. Par exemple, en semaine 1 : 1 euro de côté, en semaine 2, 2 euros, en semaine 15, 15 euros, et ainsi de suite. Le seul bémol ? Si on le suit à la lettre, le dernier mois, on doit mettre de côté l'équivalent de 200 euros : pas toujours simple, mais on peut anticiper et switcher les semaines !

Une astuce

Vous avez tendance à tout dépenser dès que votre paye tombe ? Lancez-vous un défi : aucun achat superflu les 15 premiers jours du mois : simple mais efficace.

Un groupe Facebook pour garder le cap

Il existe sur Facebook un groupe d'entraide très bien fait pour dépenser moins et mieux. « Les licornes. Gestion budgétaire, entraide et minimalisme » est une mine d'astuces pour apprendre à gérer son budget comme une pro, mais très axé sur le minimalisme.

Je peaufine ma bucket list pour ne pas perdre de vue mes rêves et mes envies

La bucket list est plus large que le challenge annuel, même si elle peut l'inspirer. Elle représente TOUT ce que vous rêvez d'accomplir non pas en un an, mais tout au long de votre vie : sacré programme ! Dédiez-lui une belle page dans votre Bullet Journal®, elle le mérite bien. Et regardez-la régulièrement pour ne pas perdre de vue ces objectifs précieux. C'est votre ultime to-do list !

Notez ici tout ce qui vous ferait vibrer et que vous repoussez par manque de temps ou par manque de confiance en vous. Et n'oubliez pas de vite leur faire une place dans votre agenda dès que l'occasion se présente.

....

....

....

....

Conclusion

Ça y est, vous voilà parée pour être super organisée : bravo ! Mais ne vous mettez pas la pression pour autant. L'objectif n'est pas de noircir au maximum votre agenda ni de planifier toute votre existence au cordeau mais bien de glaner des idées parmi les astuces distillées dans ce cahier, pour gagner du temps mais aussi être disponible pour l'imprévu et les belles surprises de la vie. Laissez-vous des plages de liberté et de spontanéité !

Comment faire de l'organisation une habitude ?

Commencez en douceur

Allez-y par étapes et ne cherchez pas à « masteriser » tous les conseils de ce cahier trop vite : choisissez vos batailles !

Faites-en un peu tous les jours

Si vous zappez un seul jour votre nouvelle habitude (remplir votre Bullet Journal®, rédiger votre to-do list du jour, faire votre rituel du matin…), cela risque d'être plus difficile de tenir sur la durée.

Ne lâchez pas l'affaire pendant 3 semaines (voire 1 mois)

C'est le temps qu'il faut, selon certains scientifiques, pour transformer une nouvelle habitude en automatisme.

Ne vous laissez pas abattre par un échec

Si vous craquez au bout de quelques jours ou semaines (le démon de la procrastination ne va pas se laisser faire comme ça !), ce n'est pas grave, recommencez ! Et surtout, ne vous jugez pas, la période de calage est souvent coriace et on ne change pas du jour au lendemain.

Récompensez-vous !

Vous faire plaisir et ne pas minimiser les efforts que vous avez fournis est indispensable.
Enfin, ne perdez pas de vue vos objectifs et les bénéfices que pourront vous apporter vos nouvelles habitudes de nana super organisée. Notez-les pour vous en souvenir et vous motiver au quotidien.

Je m'engage envers moi-même à être mieux organisée parce que...

....

....

....

Les 10 commandements de la fille super organisée

Si vous ne deviez retenir que 10 conseils pour rester bien organisée, ce serait ceux-là ! Faites-en un fond d'écran, épinglez-les sur votre frigo ou punaisez-les au-dessus de votre bureau pour vous rappeler de vous simplifier votre nouvelle vie de super organisée.

1. Je nettoie au fur et à mesure.
2. Je ne me couche pas avant d'avoir rangé 5 minutes ce qui traîne dans l'appart et planifié un minimum ma journée du lendemain.
3. Je priorise toujours mes objectifs et mes to-do lists.
4. J'apprends à dire non.
5. Je termine une tâche avant d'en commencer une autre : « Je peux tout faire, mais je ne peux pas tout faire en même temps. »
6. Je traque mes progrès (pourquoi pas grâce au Bullet Journal®) pour me sentir fière et reboostée.
7. Je prends le temps de me chouchouter en calant des plages de temps pour moi dans mon agenda.
8. Je ne me laisse pas envahir ou distraire par ma vie numérique.
9. Je reprends le pouvoir sur mes journées et sur ma vie en étant proactive et plus réactive !
10. Je fais chaque matin en me levant ce qui est le plus important pour moi.

Et, surtout, je me lâche la grappe si je n'arrive pas à suivre l'intégralité de ces 10 commandements : si vous avez plus de la moyenne, c'est déjà formidable ! Et si c'est un peu en dessous, vous pourrez toujours « réviser » à tout moment en relisant votre *Cahier Super Organisée*. Rappelez-vous : vous faites ça pour vous, pas pour les autres !

Post-it final à méditer
A goal without a plan is just a wish ! Ce qui en VF signifie : « Un projet sans feuille de route n'est juste qu'un souhait ! »

Carnet d'adresses

Blogs super organisés

www.beeorganisee.com
accroalorganisation.fr
sorganiser-facile.com
organizen.fr/blog
www.careergirldaily.com
www.myblissfulspace.com
askannamoseley.com
www.abowlfulloflemons.net

Mind mapping

www.collectivitenumerique.fr
www.heuristiquement.com
www.mindmanagement.org

Bullet Journal®

Le site officiel indispensable pour débuter (vidéo officielle sous-titrée) : www.bulletjournal.com
Pour les explications, l'inspiration et le shopping papeterie : journaling.fr/blog
Inspirations pour un Bullet Journal® minimaliste : minimal-plan.fr
Inspirations pour un Bullet Journal® créatif : www.zunzunblog.fr/bullet-journal
Inspirations sur les réseaux sociaux : fr.pinterest.com, recherche « Bullet Journal » ou www.instagram.com, #bujo, #planwithmechallenge
Une mine d'informations pour se perfectionner : www.tinyrayofsunshine.com
Une adepte du Bullet Journal® créatif pour s'inspirer : www.bohoberry.com

Les sites pratiques pour les filles super organisées

Pour être plus productive et organiser ses rituels matinaux : www.lauramabille.fr
Des carnets de recettes et planificateurs de menus en ligne : www.menuhebdo.com
Le site du Top Body Challenge (fitness) : soniatlev.fr
Du sport facile à la maison avec le site de Décathlon : videos.domyos.fr
Pour trouver un coach sportif à domicile : www.justcoaching.fr, www.ownsport.fr ou mustcoach.com
S'abonner à plusieurs salles en même temps et réserver facilement ses cours en ligne : www.zippypass.com, somuchmore.fr, www.gymlib.com
Pour organiser sa vie numérique : www.blogdumoderateur.com
Trois sites qui sont une mine de conseils sur l'organisation pragmatique à l'américaine :
lifehacker.com
lifehack.org
businessinsider.com

Bibliographie

Livres en français

- Hal ELROD, *Miracle Morning*, First, 2016.
- Laura MABILLE, *Le Guide pratique Miracle Morning*, First, 2016.
- Isalou BEAUDET-REGEN, *La Magie du matin*, Leduc. S, 2016.
- Marie KONDO, *La Magie du rangement*, Pocket, 2016.
- Dominique LOREAU, *Kakebo 2017 : Mon petit carnet de comptes*, Larousse, 2017.
- Anne-Solange TARDY, *Manifeste pour une maison rangée*, First, 2016.
- Diane BALLONAD ROLLAND, *J'arrête de procrastiner*, Eyrolles, 2016.
- Patricia LENTINI et Dirk ZELLER, *Bien gérer son temps pour les Nuls*, First, 2016.
- David ALLEN, *S'organiser pour réussir*, Leduc. S, 2015.
- Marla CILLEY, *Entretiens avec mon évier, la méthode Flylady*, L'Instant Présent, 2014.
- Xavier DELENGAINE, *101 astuces pour mieux s'organiser*, Eyrolles, 2014.
- Laurence EINFALT et Stéphanie BUJON, *Savoir s'organiser*, Eyrolles, 2014.
- Olivia TOJA, *Paresseuses et ultra-organisées*, Marabout, 2013.
- Dominique LOREAU, *L'Art des listes*, Marabout, 2013.
- Tony et Barry BUZAN, *Mind map, dessine-moi l'intelligence*, Eyrolles, 2012.
- Leo BABAUTA, *L'art d'aller à l'essentiel*, Leduc. S, 2012.
- Timothy FERRISS, *La Semaine de 4 heures*, Pearson Education, 2010.
- Jean-Luc DELADRIÈRE et Frédéric LE BIHAN, *Organiser vos idées avec le Mind Mapping*, Dunod, 2004.

Livres en anglais

- Brian TRACY, *Eat That Frog ! 21 Great Ways to Stop Procrastinating and Get More Done in Less Time*, Berret-Khoeler, 2017.
- Michael LINENBERGER, *The One Minute To-Do List : Quickly Get Your Chaos Completely Under Control*, New Academy Publishing, 2017.
- Charles DUHIGG, *The Power of Habit*, Random House Books, 2013.
- Steven PRESSFIELD, *The War of Art : Break Through the Blocks and Win Your Inner Creative Battles*, Black Irish Entertainment LLC, 2012.
- Leo BABAUTA, *Zen to done, the ultimate simple productivity system*, Waking Lion Press, 2011.
- Regina LEEDS, *One Year to an Organized Life : from Your Closets to Your Finances, the Week-by-Week Guide to Getting Completely Organized for Good*, Da Capo Press, 2008.
- Carol S. DWECK, *Mindset : The New Psychology of Success*, Ballantine Books, 2007.
- Jensen BILL, *The simplicity Survival Handbook : 32 Ways to Do Less and Accomplish More*, Basic Books, 2003.

Remerciements

Je tiens à adresser tous mes remerciements aux éditions Solar pour la confiance qu'ils m'ont témoignée et le challenge enthousiasmant qu'ils m'ont permis de réaliser, et tout particulièrement à mon éditrice Juliette Collonge qui m'a accompagnée pas à pas avec un enthousiasme communicatif.

Merci aussi à mon cher mari super organisé dont les conseils de bon sens ont inspiré l'écriture de cet ouvrage.

LES BEAUTIFUL GIRLS,
C'EST TOUTE UNE COMMUNAUTÉ !

Retrouvez plein de bonus, de conseils feel good, des recettes, des trainings, et des actus tendance MADE BY MON CAHIER !

Un lieu rien que pour vous :
http://mylifeisbeautiful.fr/

Une communauté de filles stylées :
VOUS DÉCHIREZ

mylifeisbeautiful.fr   mylifeisbeautiful.fr

Direction : Jean-Louis Hocq
Direction éditoriale : Marion Guillemet-Bigeard
Directrice de collection : Juliette Collonge
Édition : Gwladys Greusard
Conception et mise en couleurs de la couverture : Stéphanie Brepson
Conception des cartes : Sophie Delannoy
Mise en pages : Nord Compo
Fabrication : Laurence Duboscq

ISBN : 978-2-263-16240-4 – Code éditeur : L16240/02
Dépôt légal : septembre 2019
Imprimé en France par Clerc
94, rue de la Brasserie, 18200 Saint-Armand-Montrond

Solar, un département d'Edi 8
92, avenue de France,
75013 Paris

MIXTE
Papier issu de sources responsables
FSC® C003309
FSC www.fsc.org

SolarEditions
solar_editions
mylifeisbeautiful.fr
mylifeisbeautiful.fr